LE PAIN

A. Bisio

LE PAIN

ÉDITIONS DE VECCHI S.A.
52, rue Montmartre
75002 PARIS

Malgré l'attention portée à la rédaction de cet ouvrage, l'auteur ou son éditeur ne peuvent assumer une quelconque responsabilité du fait des informations proposées (formules, recettes, techniques, etc.) dans le texte.
Il est conseillé, selon les problèmes spécifiques – et souvent uniques – de chaque lecteur, de prendre l'avis de personnes qualifiées pour obtenir les renseignements les plus complets, les plus précis et les plus actuels possible.

En couverture : photo Studio Novak

Traduction de Raffaella Ruggeri

Imprimé en Italie

SOMMAIRE

DEUXIÈME PARTIE - RECETTES

Introduction

Dans ces pages, nous redécouvrirons la bonne saveur d'un pain naturel et par la même occasion nos traditions les plus vraies. Le but de ce livre est en effet d'inciter le lecteur à ne pas négliger la valeur alimentaire et diététique du pain.
Le pain, élément de sustentation très ancien, fait partie de nos habitudes alimentaires quotidiennes, et malgré l'abondance et la variété de nourritures aujourd'hui, il est toujours présent sur nos tables.
Son absence est ressentie comme une privation ; mais si le pain est consommé de façon rationnelle pour de nombreuses raisons, les recettes pour le faire suivant notre fantaisie sont d'autant plus nombreuses.
Des normes diététiques précises peuvent en effet prévoir le remplacement du pain ordinaire par un pain plus riche en fibres, par exemple du pain de soja, ou bien, en présence de pathologies déterminées, comme par exemple la maladie cœliaque, par un pain sans gluten.
Au long de cet ouvrage, nous examinerons près d'une centaine de recettes différentes et nous aurons l'occasion d'apprendre à confectionner des fougasses, des gressins et des gâteaux, afin de satisfaire les exigences et les goûts de chacun.
Nous découvrirons également comment utiliser d'une manière originale les restes de pain, pour les transformer, en ajoutant quelques ingrédients, en un plat particulièrement appétissant.

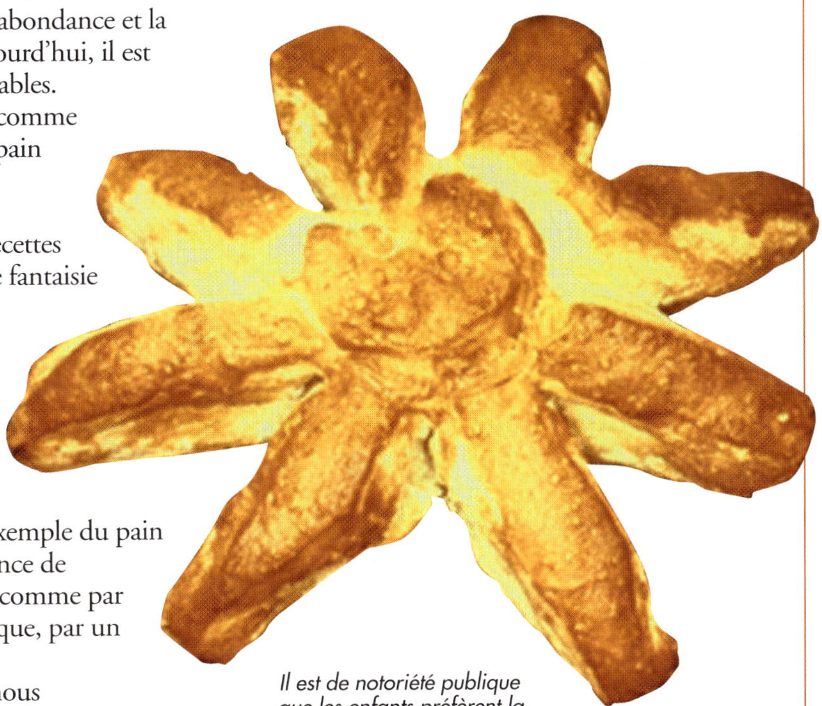

Il est de notoriété publique que les enfants préfèrent la fantaisie. Avec ce pain en forme de soleil, voici un moyen original de leur fournir un excellent complément en protéines, les matières premières du corps
© Espace Pain Information

PREMIÈRE PARTIE

Bref historique du pain

L'histoire du pain accompagne celle de l'homme. Elle débute en effet à l'aube de la civilisation, quand l'homme préhistorique commença à utiliser les produits de la terre pour se sustenter.

Les origines

C'est l'homme du Néolithique, il y a environ deux millions d'années, qui découvrit la culture des céréales dont les graines, faciles à conserver, étaient une grande ressource alimentaire.
La connaissance de cette grande ressource a été une véritable garantie de survie et a amené l'homme préhistorique, qui ne disposait que de moyens rudimentaires, non pas à « découvrir » le pain, mais, en utilisant ses notions limitées, à aboutir au stade de prépanification. En utilisant ces précieuses céréales il était en effet en mesure d'obtenir des semoules et des galettes qu'il cuisait sur des pierres chauffées à blanc, ou sous la cendre.
Les progrès dans la préparation des farines et du pain ont eu lieu des siècles plus tard en Égypte, comme l'attestent des dessins de la période prédynastique, alors que les Assyro-Babyloniens cuisaient encore des mélanges de farines, parfois enrichies avec du miel ou de l'huile, dans des récipients en terre enfouis à moitié dans le sol pour maintenir constante la température.

La « découverte » du levage

Ce sont les Égyptiens, observateurs attentifs des phénomènes naturels, qui ont mené à terme, au IVe siècle avant Jésus-Christ, la technique de fermentation de la pâte appliquée à la panification, en faisant par hasard, à la suite d'une inondation du Nil, une formidable découverte.
Ils avaient en effet observé qu'au contact de l'eau la farine, après un certain temps, devenait acide et que la pâte augmentait de volume. Peu après ils eurent l'intuition de conserver un morceau de pâte fermentée afin de l'ajouter à la préparation suivante, pour en améliorer la consistance.
De cette façon est né le premier levain, et dans une époque plus récente, vers 1600, on aura l'explication du phénomène chimique de la fermentation produite par la « pâte acide ». Mais les Égyptiens n'ont pas été seulement les découvreurs du pain levé, ils ont été aussi les inventeurs de la méthode de « tamisage » de la farine pour la libérer des impuretés et obtenir une meilleure qualité ; ils ont, en outre, mis au point la construction du four nécessaire pour cuire la pâte levée.
Une fois améliorée la qualité de la farine, et acquis l'art de pétrir le pain levé, les Hébreux perfectionnèrent cet art au point que la préparation du pain devint une véritable profession, et dans chaque ville un

four public fut construit. Cela est confirmé dans la Bible où il est écrit que le peuple hébreu, durant sa fuite d'Égypte, parmi ses nombreuses souffrances, dut aussi endurer de se nourrir de simples galettes non levées : c'est le célèbre pain azyme de la tradition religieuse hébraïque, qui se mange pendant la période de Pâques.

La naissance de la pâtisserie

Les Égyptiens développèrent une telle habileté et une telle imagination dans la préparation du pain, en le façonnant dans des formes et des préparations recherchées, qu'ils jetèrent les bases d'une forme primaire de pâtisserie, laquelle se développa ensuite avec les Grecs.
Les Grecs avaient en effet appris et perfectionné la technique de la pâte des peuples de la Méditerranée, auxquels ils achetaient les céréales qu'ils ne pouvaient produire à cause de la pauvreté de leur territoire.
Le raffinement et la grande variété de pains produits en Grèce sont décrits par Chrysippe dans l'*Art de faire le pain* où il est question du soin dans la production en plus des développements techniques dans la mouture et la préparation des fours ; Athénée en compte soixante-dix sortes, alors que d'autres sources dignes de foi, parmi lesquelles Aristote, en décrivent davantage encore.

Les corporations des meuniers et des boulangers

Avec la conquête de la Grèce, les Romains découvrirent les méthodes de panification : grâce à leur politique qui prévoyait le maintien des coutumes des peuples assujettis, ils apprirent les techniques de production et les développèrent de façon surprenante.
Les Romains ont été les premiers à créer des corporations, d'abord de meuniers et, pendant l'époque impériale, de boulangers, qui étaient d'habitude des esclaves grecs libérés se transmettant cet art de père en fils.
Les corporations avaient pour rôle de fournir le pain à la population, elles étaient remboursées par l'État quand elles l'offraient aux personnes qui ne pouvaient pas l'acheter.
Plusieurs types de pain étaient produits (levés et non levés) avec de la farine de qualité et de la farine plus ordinaire (jusqu'au pain noir consommé par les classes les plus démunies), ils variaient suivant les occasions (rites, fêtes, mariages) et les personnes à qui ils étaient destinés (athlètes et gladiateurs).
Il y avait également une grande production de galettes et de pâtisseries enrichies surtout de fromage et de miel.

L'ordre des Boulangers

La dégradation de la situation économique due à la chute de l'Empire romain en 476 après Jésus-Christ et la détérioration de l'agriculture provoquée par les invasions des barbares affectèrent la production du pain. Toutefois, cette production survécut à l'intérieur des monastères pour retrouver un nouvel élan avec Charlemagne. De nouvelles règles furent établies. Ceux qui exerçaient cette profession devaient être inscrits à l'Ordre et respecter certaines règles d'hygiène.
L'utilisation des fours publics devint courante, mais seuls les rois et les seigneurs en avaient la gestion. Aux alentours de l'année 1000, commença la construction des moulins.

Le plus connu et le plus consommé, le pain blanc possède une place de choix dans l'alimentation quotidienne des Français. Il leur apporte, à lui tout seul, le tiers de leurs besoins énergétiques © Espace Pain Information

LE *LIVRE DES MÉTIERS*

L'art de faire le pain se développe en France avec la naissance de la monarchie et les premiers boulangers, qui s'appelaient à l'époque talemeliers, sont sous la dépendance de l'autorité royale.
Depuis la dynastie des Capet, durant le Moyen Âge et jusqu'aux temps modernes c'est le prévôt de Paris qui dicte les réglementations concernant cette profession. L'un d'entre eux, sous le règne de saint Louis, rédigera le *Livre des Métiers*. Il s'agit d'une véritable charte pour la profession qui, avec la naissance des corporations des métiers, aide au développement de la profession avec la possibilité de posséder des fours chez soi.
La corporation, l'ensemble des artisans qui coopèrent au sein du métier, prévoit alors trois catégories : les apprentis, les valets qui exercent le métier et les maîtres qui ordonnent et sont propriétaires de la boulangerie. Pour exercer ce métier il fallait posséder le brevet de maîtrise, acheter le métier au roi et payer annuellement le droit de hauban.

L'APPARITION DE LA LEVURE DE BIÈRE

Vers la première moitié du XVIIe siècle, la levure de bière est introduite dans la production du pain. Elle permet d'améliorer le levage et donne un pain plus léger tout en améliorant le goût. Ce pain mollet a un grand succès à la Cour, mais provoque aussi la réaction de certains médecins qui finissent par obtenir une

L'HISTOIRE DU GRESSIN

Le terme « gressin » dérive du terme *ghersa* qui, en dialecte turinois, veut dire « file », en raison de sa forme allongée.
On raconte, entre histoire et légende, qu'un jeune garçon continûment frappé par des troubles intestinaux dépérissait malgré les nombreuses cures qui lui avaient été administrées.
Amaigri et fiévreux, il était dans un état grave et sa mère, Maria Giovanna Battista, s'adressa à un médecin de la cour, don Baldo Pecchio, originaire de Lanzo Torinese. Ce dernier, ayant souffert des mêmes troubles dans son jeune âge, se rappela avoir été guéri grâce aux soins de sa mère qui le nourrissait avec du pain en forme de bâtonnet. Il se rendit chez le boulanger du palais du duc et lui commanda une boule de pâte levée. La pâte, qui était moins épaisse que deux pouces, fut coupée en petites lanières qui furent façonnées en forme fine et allongée comme le pain inventé par sa mère. Il ordonna que le jeune garçon en consomme et en effet, ce dernier guérit peu de temps après. Ce jeune garçon était Vittorio Amedeo II, il devint le premier roi de la maison de Savoie et mourut à l'âge de presque quatre-vingts ans, ce qui était surprenant pour l'époque.
Mais ce n'est pas tout. Plusieurs années après, Napoléon Bonaparte se rendit dans la capitale du Piémont ; il souffrait d'ulcère gastrique. Il goûta « les petits bâtons de Turin » et les effets furent si bénéfiques que l'empereur décida de ne plus y renoncer. Un coursier fut chargé de fournir à la Cour cet aliment précieux ; ensuite des « gressinniers » piémontais furent appelés à Paris, mais le résultat fut décevant : les gressins n'étaient pas aussi bons que les originaux. En effet, la tradition l'exige, pour confectionner cette spécialité les compétences humaines ne sont pas suffisantes, il faut aussi tenir compte de la farine, de l'eau et même de l'air.

réglementation. De cette période date le pain dit « de la reine » car très apprécié par Marie de Médicis. Il est enrichi avec du sel, du lait, et ensuite avec de la levure de bière. Toujours dans cette période naît en Piémont le gressin.

L'ÈRE MÉCANIQUE ET LA LIBÉRALISATION DES BOULANGERS

Après la Révolution et la disparition des corporations, les anciens droits exigés sont remplacés par l'imposition de la patente, toujours en vigueur aujourd'hui.
Le pain est confectionné avec de la farine blanche, les pains viennois ont un grand succès et les croissants et brioches, très appréciés par les familles aisées, commencent à se faire une réputation internationale.
Du point de vue technique on passe au pétrissage mécanique et les manœuvres d'élimination des impuretés sont améliorées. L'amélioration des moyens de cuisson suit le même cours. À partir de 1835 la construction de la sole du four en briques réfractaires se généralise. La voûte du four s'abaisse et la fermeture se perfectionne. Les règles d'hygiène deviennent une obligation.

La production des farines

Le terme « farine », qui dérive de *far*, la céréale employée par les Romains, est encore utilisé pour indiquer la poudre, généralement très fine, obtenue par le broyage à sec des aliments végétaux, graines ou semences des céréales, légumineuses ou des fruits (farine de châtaignes), et d'aliments d'origine animale séchés (farine de poisson).

Les produits d'origine

Le **froment** est, de toutes les céréales, la plus utilisée pour la panification.
Les céréales (riz, seigle, orge, avoine, maïs, millet, etc.), appartenant à la famille des Graminées, constituent l'une des sources alimentaires les plus importantes pour l'homme, mais le froment, s'adaptant facilement à tous les types de sols et de climats, est dans l'absolu le plus cultivé et le plus répandu. Il tient donc un rôle de prestige également sur le plan économique.
Il en existe dix types, mais ceux utilisés dans la panification sont :
– le *Triticum vulgare*, le **blé tendre**, qui sans aucun doute est le plus intéressant ;
– le *Triticum durum*, le **blé dur**, qui est plus utilisé dans la production des pâtes.

D'autres aliments utilisés dans la panification sont :
– le **sarrasin** ou **blé noir**, appartenant à la famille des Polygonacées ;
– le **soja**, une légumineuse.

Les facteurs climatiques et environnementaux, tout comme les facteurs génétiques, ont un effet sur la qualité des céréales et notamment sur le froment et la panification des farines qui en sont le produit, dont la qualité dépend de la main de l'homme, de la mouture qui s'obtient grâce à l'action mécanique d'un moulin à meules.

La mouture

Afin d'être utilisées pour la panification et dans d'autres produits alimentaires, les céréales, et notamment le froment, sont transformées en farineux par le biais du broyage.
Pendant ce procédé, les couches protectrices extérieures, contenant beaucoup de fibres, sont séparées de la partie interne du grain, l'**amande farineuse du grain**. Les amandes sont broyées et tamisées plusieurs fois (sept ou huit fois) jusqu'à l'obtention de farines et semoules de différents degrés de raffinage et une série de sous-produits dont les **résidus de farine**, le **son** et le **remoulage** sont utilisés en faible pourcentage dans la production d'aliments complets, et le plus souvent pour l'alimentation des animaux.

La valeur boulangère

La valeur boulangère des farines dépend de la présence de certaines protéines, la *gliadine* et la *glutéine* qui ont la capacité de se lier avec l'eau pendant le pétrissage pour former le **gluten** (voir page 27).
Le gluten retient les gaz, et en particulier le **gaz carbonique**, produits grâce à l'action de fermentation de la levure qui provoque le gonflement de la pâte ; quand les gaz sont libérés ils donnent au pain son aspect spongieux caractéristique.
On distingue donc deux types de farine ayant une capacité différente à retenir l'eau et par conséquent un rendement différent de la pâte :
– la **farine de force**, dont l'amalgame tenace offre une bonne résistance contre le déchirement, très adaptée pour la panification ;
– la **farine « faible »** conseillée dans la fabrication de gâteaux et de biscuits.

Dans les farines, la qualité rhéologique (c'est-à-dire l'équilibre des caractéristiques atteint au cours des différentes phases de traitement), qui les rend bonnes pour la panification, dépend également du degré de maturation : la farine de force nécessite une période de maturation plus longue et garde intactes ses caractéristiques plus longtemps.
La respiration, à savoir l'absorption de l'oxygène ambiant, contribue à l'augmentation du pouvoir rhéologique de la farine et augmente les capacités d'alimentation du levain (levure) ; pour l'usage domestique, un simple tamisage avant l'utilisation contribue à développer les processus qui viennent d'être décrits, en activant les principes enzymatiques.

La conservation

Après le broyage, les farines nécessitent un certain temps pour mûrir. Pendant cette période leurs caractéristiques sont améliorées, mais passée cette période ces mêmes caractéristiques commencent à diminuer et disparaissent.
La conservation doit avoir lieu dans des endroits bien secs et aérés : l'augmentation des températures et de l'humidité, qui conformément à la loi ne doit pas dépasser 14,5 ou au maximum 15,5 %, provoque des altérations telles que la moisissure, l'acidité, le ranci et la prolifération de parasites.
Le consommateur peut facilement déterminer l'état de conservation des farines par un rapide examen visuel et olfactif ; une farine bien conservée présente en effet un goût délicat et agréable, ne présente pas de grumeaux et garde inaltérée sa couleur.
Seules les farines de force se conservent plus longtemps sans altération des caractéristiques rhéologiques ; la farine complète (voir page 18), par contre, a une période de conservation très brève.

LES DIFFÉRENTS TYPES DE FARINE

Pour la panification, nous l'avons déjà dit, la farine la plus utilisée est la farine de froment, mais d'autres farines peuvent également être employées lors du pétrissage et, dans ce cas, conformément à la loi, sur l'étiquette du pain doivent figurer les végétaux d'origine de la farine.
Le pain se divise, en effet, suivant les types de farine, en :
– **pain ordinaire**, produit avec de la *farine de blé tendre* ou pur froment ;
– **semoules et finots,** quand il est produit avec des *grains de blé dur réduits en farine* ;
– **complet**, quand il est produit avec de la *farine*, justement, *complète* ;
– **spécial**, quand il est produit avec d'*autres types de farine*, même si elles sont mélangées avec la farine de froment (pain de seigle).

LA FARINE DE FROMENT (OU FARINE BLANCHE)

La farine de froment, tout en ayant une bonne valeur nutritionnelle, présente des carences en certaines substances protéiques, dont les **acides aminés** *lysine* et *tryptophane*, indispensables pour l'organisme humain : la compléter avec d'autres aliments peut compenser ce déséquilibre.

L'Aquitaine n'est pas seulement une région viticole, elle est aussi riche d'un grand passé culinaire : outre les cannelés (inventés par deux nonnes) et les célèbres macarons de Saint-Émilion, on trouve la couronne bordelaise, dont la forme remarquable est un joli décor pour la table
© Espace Pain Information

À partir du broyage du froment l'on obtient :
– du **blé tendre** : les *farines* ;
– du **blé dur** : les *semoules* et les *finots.*

La farine de blé tendre

La farine que l'on obtient par broyage du blé tendre, qui présente de petits granulés plutôt ronds, est la plus utilisée pour la panification et la seule qui, conformément à la loi, peut être mise sur le marché sous la dénomination de « farine », suivie du type qui est représenté par un chiffre selon le contenu en **fibres** et **protéines** : 45, 55, 80, 110 et 150 (complète).

• La **45** désigne la farine la plus blanche, mais aussi la plus pauvre en fibres et protéines qui, avec la **55**, est la plus utilisée pour la préparation domestique, artisanale ou industrielle des produits de four.

• Celles de type **80** et **110** sont moins recherchées et moins répandues.

• La farine **complète** possède le pourcentage le plus élevé en fibres et une très grande valeur nutritionnelle en dépit de son aspect peu engageant.

La farine de blé dur

Les **semoules** et les **finots**, composés de granulés plus gros d'aspect translucide, sont utilisés en général pour la production des pâtes ou bien pour réaliser des pains typiques surtout dans la région de Roubaix.

La farine de seigle

Elle suit en importance la farine de froment, mais elle est largement utilisée pour la panification surtout chez les peuples de langue allemande mais aussi en Bretagne, dans le Centre et le Sud-Ouest, et en Italie septentrionale. Il en existe deux variétés, l'une d'été et l'autre hivernale qui semble posséder des caractéristiques boulangères plus élevées. La farine de seigle, plus foncée que celle de froment à laquelle elle est normalement mélangée, apporte aux produits de four

DESCRIPTION ET POURCENTAGES MAXIMAUX AUTORISÉS

type	cendre	cellulose	protéines et gluten	couleur
45	0,50	–	7	blanc
55	0,65	0,20	9	blanc
80	0,80	0,30	10	tendant au gris
110	0,95	0,50	10	tendant au gris
complète	1,60	1,60	10	tendant au gris

DESCRIPTION ET POURCENTAGES MINIMAUX ET MAXIMAUX AUTORISÉS

type	cendre	cellulose	protéines	couleur
semoule	0,70 - 0,85	0,20 - 0,45	10,50	tendant au jaune
finot	0,90 - 1,20	– - 0,85	11,50	tendant au jaune

De même que le pain polka, la boule, le pain moulé, la baguette blonde ou rousse, le pain de ménage ou le pain plié, le pain zigzag réapparaît de plus en plus dans les boulangeries de quartier. Pour le plus grand plaisir des consommateurs © Espace Pain Information

une couleur et un parfum caractéristiques. Elle contient un gluten très semblable à celui du froment et permet d'obtenir un pain particulièrement savoureux.

La farine de maïs (ou farine jaune)

Elle est utilisée pour la *polenta* qui a été autrefois une source alimentaire importante dans l'Italie du Nord et la Savoie.
Elle est encore utilisée dans certains pays, par exemple au Mexique, pour la confection des *tortillas*, qui font office de pain, bien que le maïs présente une carence en diverses substances importantes, tel le calcium, et des carences en vitamines au point d'être considéré rachitigène.

La farine de maïs, pour être utilisée dans la panification, doit présenter une graine très fine (inférieure à 0,25 mm) et, à cause de la quantité très faible en gluten rendant difficile le levage, elle doit être mélangée dans une proportion de 25 % avec de la farine de froment.
La faible valeur nutritive du produit est améliorée au niveau artisanal et industriel, grâce à l'ajout de sels minéraux et vitamines, au pétrissage avec du lait qui facilite l'assimilation de certaines vitamines qui, sinon, ne seraient pas utilisables par l'organisme.

La farine d'avoine

Riche en protéines et en substances nutritives, l'avoine occupe une place importante dans l'alimentation humaine.

Qu'elle soit en farine ou en flocons, elle possède un goût savoureux car les caryopses, avant d'être soumis à transformation, sont normalement toastés.
Ne possédant pas les protéines nécessaires à la formation du gluten, la farine d'avoine est toutefois peu utilisée dans la panification à moins d'être mélangée avec de la farine de froment. Le pain d'avoine est obtenu non seulement avec la farine mais surtout avec les flocons d'avoine et, dans ce cas, son goût est bien meilleur.

La farine de millet

Assez répandu en Asie et en Afrique, le millet est moins cultivé en France et dans le reste de l'Europe.
Même si sa farine enrichit le pain et les autres produits d'importants éléments utiles à l'organisme, dont l'acide salicylique, elle possède un degré de panification très faible et ne peut être utilisée que mélangée avec de la farine de froment de très bonne qualité.

Le pain pistolet, spécialité d'Île-de-France : une excellente idée de petit déjeuner avec du café, du thé ou du chocolat, un jus de fruit frais, du beurre, du miel et de la confiture © Espace Pain Information

La farine de pommes de terre

Semblable à la farine de froment par sa valeur nutritionnelle et par sa quantité importante de sels minéraux utiles à l'organisme, elle est utilisée comme élément aromatisant car elle donne un goût et une odeur agréables.
Riche en glucides, la farine de pommes de terre, bien qu'elle rende la pâte plus compacte et plus foncée, facilite la fermentation et accélère donc les temps de levage ; en ajoutant une petite quantité à celle de froment on obtient des produits plus souples et plus durables.

La farine de riz

Le riz, qui alimente les trois quarts de la population mondiale, possède des protéines très digestes, c'est la céréale la plus riche en amidon.
Bien que parfaite du point de vue nutritionnel, la farine de riz est très peu utilisée pour la panification.

La farine de sarrasin ou de blé noir

Mis à part une production de pains particuliers, la farine de sarrasin est utilisée en France pour fabriquer des galettes, des blinis et des crêpes.
Elle présente une coloration plutôt foncée et un goût légèrement amer, c'est pourquoi, afin d'obtenir une pâte plus attrayante, elle est mélangée à d'autres farines.

LES AUTRES ÉLÉMENTS DE LA PÂTE

L'EAU

L'eau utilisée à des fins alimentaires ne doit pas être trouble ou avoir une saveur et une odeur désagréables, à des températures basses et élevées.
Sa composition chimique et la quantité de sels minéraux qu'elle contient (voir *La dureté de l'eau* en page 22) peuvent avoir une conséquence sur la pâte et le rendement final du produit : une eau trop dure (qui pourra être « adoucie » par des filtres adaptés), riche en sels de calcium et de magnésium, ralentit la fermentation, rendant la pâte dure et diminuant la formation de gluten : le pétrissage nécessite donc une eau à pH légèrement acide (pH 5 ou 6), et non pas alcalin.
La présence de chlore améliore par contre le rendement de la pâte, et l'utilisation de farine de bonne qualité réduit l'effet négatif des autres substances présentes dans l'eau.
Fondamentale dans la fabrication du pain, l'eau a plusieurs rôles :
– elle sert de lien entre la levure et la farine, déclenchant les processus enzymatiques ;
– elle contribue à la formation du gluten ;
– elle dissout la levure et le sel en améliorant l'homogénéité du mélange.

La **quantité** et la **température** sont toutefois des facteurs importants.

LA QUANTITÉ

La quantité d'eau varie de 50 à 65 % du poids de la farine : une farine forte, de bonne qualité, nécessite moins d'eau qu'une farine faible et riche en humidité.
Cela dépend en outre du type de pâte.
Une pâte « mollette » (voir page 29) qui se prépare la veille, afin de faciliter l'action de la levure, demande davantage d'eau.
Il ne faut pas oublier que plus on utilisera d'eau, meilleure sera la fermentation.
Le climat et la température ambiante sont deux autres facteurs ayant une influence sur la quantité d'eau à utiliser, même si cette influence est moindre dans la production domestique. Ce sera donc l'expérience qui vous indiquera la quantité nécessaire.

LA TEMPÉRATURE

Pour un pain réussi, il est indispensable de vérifier la température de l'eau qui doit être entre 30 et 35 °C.
La température de l'eau et celle développée pendant le pétrissage détermineront la température de la pâte qui ne doit pas dépasser 27 °C, car c'est à ce moment-là que la fermentation atteint son niveau le plus élevé.
Des températures supérieures à 37 °C et

La dureté de l'eau

La dureté de l'eau est déterminée par la présence de calcium et est mesurée en degrés, selon la concentration du minéral :
- 1° français : 1 g de carbonate de calcium pour 100 l ;
- 1° allemand : 1 g d'oxyde de calcium pour 100 l ;
- 1° anglais : 1 g de carbonate de calcium pour 700 ml.

Normalement la classification est exprimée en degrés français, et l'on considère l'eau :
- **douce** : jusqu'à 5° ;
- **moyennement dure** : de 5 à 20° ;
- **dure** : de 20 à 30° et davantage.

inférieures à 18 °C ralentissent l'action de la levure (voir *La règle de « 70 »* en page 33).

Le sel

Afin de donner du goût au pain, on utilise du sel de cuisine ou du sel marin (chlorure de sodium) ; le sel gemme n'est pas apprécié dans la production alimentaire à cause de sa composition chimique.
Un sel de bonne qualité ne doit pas présenter un goût amer ou rendre l'eau trouble. Entre le gros sel et le sel fin, ce dernier est conseillé car il se dissout complètement dans l'eau sans laisser de résidus ; si l'on veut utiliser le gros sel, il convient de le faire dissoudre dans de l'eau tiède en veillant à ne pas laisser de résidus au fond.
Le sel intervient non seulement sur la coloration du pain qui aura une croûte dorée et la mie blanche, mais sur la pâte qu'il rend plus compacte. Il convient donc de l'ajouter au moment du pétrissage car il en améliore les résultats.
Il convient normalement de l'utiliser dans une proportion de 2 % environ, mais tout dépend de ce que vous êtes en train de faire : en général, le pain diététique et les pains spéciaux en contiennent une quantité inférieure ; dans les pâtes contenant du sucre, la quantité de sel est de 1,2 %.
Un surdosage entraîne le blocage de la fermentation et compromet le résultat ; il convient donc de respecter le dosage conseillé, et avec l'expérience nous apprendrons à exploiter cette caractéristique du sel pour arrêter la fermentation en temps voulu.

La levure

La définition des agents levants s'applique à toutes les substances qui contribuent à l'augmentation du volume de la pâte : l'agent principal est l'anhydride carbonique qui, dans le levage du pain, est obtenu grâce au levage biologique.
La levure est en effet une cellule vivante, un champignon des Ascomycètes appartenant à la famille des *Saccharomyces*, qui provoque la fermentation.

La levure de bière

La production industrielle se sert de *Saccharomyces cerevisiae* appelée également « levure de bière » parce que dans le passé

Un pain spécial doit porter une dénomination correspondant à sa composition (par exemple pain de seigle, pain d'épeautre, pain de graham, pain aux cinq céréales, pain au lait, tresse au beurre, pain pour toasts ou pain aux fruits) © Espace Pain Information

elle était extraite des résidus de la fermentation des moûts de bière. Aujourd'hui elle est extraite de la mélasse, un sous-produit qui dérive du traitement de la betterave sucrière ou de la canne à sucre. Elle se vend en cubes de 25-30 g pour usage domestique, et de 500 g pour les boulangeries.
La levure se nourrit des sucres contenus dans la farine (saccharose, maltose et amidons) et les transforme, par le biais de la fermentation produite par les enzymes, en dextrose et fructose qui, toujours grâce à des processus enzymatiques, donnent des produits résiduels : anhydride carbonique et alcool.
L'anhydride carbonique se combine avec le gluten présent dans la farine qui, par dilatation thermique, augmente de volume pendant le pétrissage (maturation de la pâte) et pendant la cuisson ; l'efficacité de cette activité, qui constitue la fermentation du pain, atteint son point culminant quand la température de la pâte atteint 27 °C.

La levure naturelle ou levain

Elle est très efficace pour le levage du pain et indispensable pour les pâtes levées, brioches, pains briochés, etc. (en utilisant 500 g par kilo de farine). Deux méthodes existent pour la réaliser : la première plus fiable et « professionnelle » ; la seconde plus « improvisée » et empirique.

• **Méthode n° 1.** Après avoir disposé sur le plan de travail les ingrédients (500 g de farine de force, 1 pot de yaourt naturel et de l'eau tiède en quantité suffisante), mélangez-les en pétrissant énergiquement de toute la force de vos bras.
Après avoir formé une boule de pâte consistante et sèche, enveloppez-la d'une serviette propre sans trop serrer. Gardez le tout dans un conteneur avec un couvercle non hermétique et laissez reposer à une température tiède (25 °C environ).
Le lendemain, enlevez la serviette et éliminez la partie externe de la boule de pâte qui a pu former une croûte.
Pesez la pâte et enlevez 425 g ; ajoutez la même quantité de farine et la quantité d'eau nécessaire à 25 °C, et pétrissez pendant 10 à 15 minutes.
Après avoir formé une boule de pâte, enroulez-la dans une serviette propre comme précédemment.
Laissez reposer la pâte loin de toute source de chaleur jusqu'au lendemain.
Afin d'obtenir une levure avec une force adéquate, il convient de répéter ces opérations pendant 15 à 20 jours, mais pour qu'elle conserve son efficacité il faudra la rafraîchir tous les jours, ou au moins une fois par semaine.

• **Méthode n° 2.** Elle consiste à pétrir farine et eau en quantités égales. Après avoir mis la pâte ainsi obtenue dans un pot en verre à fermeture hermétique, conservez-la à 30 °C pendant deux jours ; le troisième jour rafraîchissez la pâte, désormais acide, avec de la farine et de l'eau jusqu'à la rendre crémeuse ; après l'avoir fait reposer encore quelques heures elle est prête à être utilisée.
Prélevez une petite quantité de pâte et gardez le reste pour le réutiliser ensuite.

La durée et l'utilisation

La levure instantanée et la levure séchée active ne présentent pas de problèmes de conservation : pour les réactiver il suffit de les dissoudre dans de l'eau chaude quelques minutes avant leur utilisation en ajoutant, si nécessaire, une pointe de sucre.
La levure de bière, par contre, a une durée limitée qui va de 15 à 20 jours : si elle n'est pas fraîche sa capacité de fermentation est amoindrie et cette opération demande plus de temps ; si la durée est expirée, la levure peut être complètement inactive.
Il convient donc non seulement de contrôler la date d'expiration sur l'emballage, mais aussi de contrôler son aspect.
Une levure bien conservée présente une coloration blanc grisâtre à tonalité couleur paille, et elle est insipide.
Des taches ou des moisissures sur la surface du cube indiquent le mauvais état de conservation du produit. Toutefois, si la levure ne dégage pas une odeur désagréable, elle peut être utilisée après avoir enlevé la partie altérée en surface : elle ne compromettra pas la réussite de la pâte.
La température de l'eau, indispensable pour activer les processus enzymatiques, a un impact sur le temps de levage qui, toutefois, varie également en fonction de la température ambiante et de la saison ; en été il convient de dissoudre la levure dans de l'eau moins chaude, contrairement à l'hiver, afin d'optimiser les conditions nécessaires à son activité (voir *La règle de « 70 »*, en page 33).
L'eau utilisée pour dissoudre la levure ne doit pas être mélangée à des substances qui peuvent retarder ou inhiber l'action du levage, comme par exemple le sel, les matières grasses, des épices, du citron, du cacao, etc. Il convient de ne pas mettre la levure en contact direct avec ces

Dix règles pour l'utilisation correcte de la levure

1. Organiser son approvisionnement en levure de façon à en avoir toujours à disposition ; se rappeler que la levure de bière ne dure que 15 à 20 jours, et contrôler la date d'expiration sur l'emballage.
2. Éviter de soumettre la levure à des écarts de température importants car cela en compromet les caractéristiques.
3. La conserver dans un endroit frais (4 °C) car les basses températures interrompent les processus de fermentation, aidant ainsi à conserver plus longtemps ses caractéristiques.
4. Ne pas conserver la levure surgelée plus de 3 mois, et penser à la sortir du congélateur quelques heures avant son utilisation.
5. Afin de résoudre le problème de la conservation, utiliser de la levure instantanée ou active et pour la réactiver, la dissoudre dans de l'eau chaude en ajoutant, éventuellement, une pointe de sucre.
6. Dissoudre la levure dans de l'eau tiède à 30-35 °C ; des températures inférieures ou supérieures rendent inactifs les processus de fermentation.
7. En faciliter l'action en tamisant la farine avant de l'utiliser, afin de réactiver ses composants.
8. Utiliser, pour dissoudre la levure, de l'eau plus froide en été qu'en hiver.
9. Éviter de la mettre en contact direct avec des substances qui peuvent inhiber ou ralentir son action, tel le sel.
10. La dissoudre avec les substances inhibitrices seulement lorsqu'on veut ralentir son action, par exemple en hiver ou dans des conditions de température élevée.

substances à moins que l'on ne veuille volontairement en retarder la fermentation, par exemple en été ou dans des conditions de température élevée.

Les corps gras

Dans la production de pain, l'utilisation des matières grasses est normalisée par la loi ; ainsi entrent dans la catégorie des pains spéciaux tous les pains constitués avec 4,5 % de matières grasses.

L'huile

Dans la panification, l'huile de graines n'est pas préconisée car elle provoque l'augmentation du cholestérol et on lui préfère l'huile d'olive.

Il s'agit d'une huile végétale produite en pressant les olives ; elle peut être :
– **vierge extra** : sans aucun doute le meilleur assaisonnement, qu'elle soit utilisée cuite ou crue. Elle est obtenue par une première pression des olives, moins énergique que les suivantes. Elle contient un degré d'acidité très faible : 1 % ;
– **vierge** : obtenue avec les pressions suivantes, à l'exception de la dernière pression qui produit l'huile de marc d'olive.

L'huile joue un rôle multiple dans la panification ; non seulement elle augmente la valeur nutritionnelle du pain, mais elle augmente aussi sa souplesse et ses qualités gustatives, et contribue à sa conservation.
Mais attention : les matières grasses intégrées lors du pétrissage tendent à

Le nom de ce pain à la pâte ajourée est voisin de la « fouace », l'une des plus anciennes pâtisseries françaises
© Espace Pain Information

ralentir l'action de la levure ; par contre, il convient d'enduire d'huile la surface de la pâte lors de la fermentation afin d'éviter la formation de la croûte.

Le beurre

Classé parmi les graisses animales, le beurre est obtenu par prélèvement de la graisse du lait (crème) qui remonte naturellement à la surface.
Grâce à ces opérations d'écrémage on obtient le lait partiellement ou complètement écrémé ; la crème, agitée et préparée dans des machines adaptées, produira le beurre.
Riche en vitamine A et extrêmement riche en matières grasses, le beurre présente une coloration, un goût et un arôme qui dépendent de l'alimentation des animaux desquels il provient.

Le saindoux

Autre graisse d'origine animale obtenue par la fusion de la graisse sous-cutanée du porc (parties nobles). Le saindoux qui est utilisé dans la panification ne doit pas être soumis à des traitements chimiques et de raffinage, il doit présenter une couleur blanche, être inodore et sans goût.
Les saindoux « raffinés », quant à eux, sont traités avec des solvants qui facilitent son extraction des viscères, des os et autres parties qui peuvent contenir des graisses.

La margarine

Les margarines peuvent être obtenues à partir de graisses animales ou végétales, ou d'un mélange des deux.
La plus utilisée est la margarine végétale, qui est surtout employée en pâtisserie.

Les sucres et édulcorants

Le sucre peut être produit à partir de la canne à sucre, mais le plus utilisé est produit à partir de la betterave, et une fois raffiné il prend la coloration blanche bien connue.
Suivant la granulation, on obtient le sucre cristallisé, le sucre semoule ou le sucre glace ; les morceaux provenant de la cassure, pendant le processus de fabrication, sont achetés à bas prix par les pâtisseries industrielles et artisanales.
Même s'il est utilisé pour la préparation des pains spéciaux, des pains typiques et bien évidemment des gâteaux, le sucre n'est pas prévu dans la recette du pain commun, même si un petit ajout, dans l'eau tiède, avant le pétrissage, facilite la fermentation de la levure.
Avec le sucre, d'autres substances sucrées sont beaucoup utilisées dans la préparation des gâteaux, des pains typiques et spéciaux :
– le **maltose** : qui dérive de l'action d'un enzyme, l'*amylase*, sur l'amidon contenu dans la farine ;
– le **lactose**, contenu dans le lait.

Le gluten

Un procédé basé sur le lavage de la pâte obtenue avec de la farine de blé permet de séparer le gluten qui, raffiné et séché, est mis dans le commerce comme « gluten vital séché ».
Il s'agit d'une substance élastique et résistante produite par l'hydratation des protéines contenues dans la farine

La croûte de la baguette viennoise est plus souple, plus fine, elle paraît lustrée. Les baguettes viennoises sont ornées de profondes incisions horizontales. En bouche, elles sont légèrement sucrées, ce qui leur donne une personnalité unique et irremplaçable © Espace Pain Information

pendant le pétrissage : la *gliadine*, qui donne l'élasticité à la pâte et la *glutéine*, qui lui donne la résistance, dont l'équilibre détermine la réussite du pain.
Le gluten est constitué d'une trame très dense de fibres entrelacées qui ont la capacité de retenir les molécules d'anhydride carbonique et les gaz produits par l'action enzymatique des levures.
S'il est ajouté pendant le pétrissage il améliore la valeur nutritionnelle et stimule des principes mécaniques qui déterminent la tenue de la pâte et sa capacité à augmenter de volume ; voilà ce qui donne l'aspect spongieux caractéristique de la pâte.
Pendant la cuisson, les gaz contenus dans la pâte se dilatent sous l'effet de la chaleur : la qualité du gluten se mesure par rapport à sa capacité d'en empêcher la dispersion, en donnant au pain un aspect plus gonflé.

Le malt

Les farines du commerce sont presque toujours le résultat d'un mélange bien étudié de diverses farines plus ou moins fortes, de façon à obtenir un produit ayant toutes les caractéristiques requises pour l'utilisation que nous voulons en faire ; mais si ces caractéristiques ne sont pas suffisantes, on a recours aux améliorants.
L'agent améliorant, en effet, permet de surmonter les carences de la farine, alimente la levure, rend plus rapide la fermentation tout en améliorant le goût et l'arôme du produit final.
Un de ces éléments est le malt, obtenu grâce au broyage des caryopses (grains) germés de blé ou d'orge.
Pendant la germination, provoquée au contact de l'eau et à une température idéale, les graines subissent une mutation profonde : l'amidon qui les compose est d'abord transformé en *dextrine* et ensuite en *maltose*, un composé de substances sucrées qui alimenteront les levures.
Vendu dans le commerce sous forme de farine, sirop ou poudre, la meilleure façon de l'utiliser, sous n'importe quelle forme, est de le mettre en contact direct avec la levure en le dissolvant dans la même eau.

La fabrication

Il est conseillé d'utiliser des **farines professionnelles**, à savoir des farines de force que vous pourrez vous procurer chez les boulangers ou chez votre détaillant habituel ou encore aux moulins ; les farines généralement en vente, idéales pour la fabrication de gâteaux, ne sont pas très adaptées à la production du pain.
Le **plan de travail**, une planche ou une maie, doit être en bois ; le bois n'altère pas la température de la pâte, ce qui permet la fermentation ; les plans en marbre ou en métal, parfaits pour la pâtisserie, peuvent être utilisés exclusivement à côté de sources de chaleur.
Le pétrissage peut être effectué à la main ou à l'aide d'un pétrin. Il existe des modèles à usage domestique. Le but du pétrissage est de bien faire pénétrer dans la pâte l'air et l'eau, éléments qui facilitent la fermentation des levures. Suivant la quantité d'eau, qui varie entre 55 et 65 % du poids total, on obtient des pâtes de types différents.

Les pâtes « de report »

Elles apportent pendant le pétrissage une quantité de levures déjà actives qui permettent une fermentation plus rapide, rendant le produit plus digeste avec une croûte croquante et friable. Elles peuvent être acquises déjà prêtes chez les boulangers ou faire partie d'une pâte précédente.

Même conservées dans le réfrigérateur, couvertes et enduites d'huile pour éviter la formation de la croûte, elles ne se conservent pas plus d'une semaine.

Le levain

Ajouté à la pâte, il permet d'obtenir des résultats remarquables dans le levage. Il faut plusieurs heures pour le préparer, et il faut le commencer plusieurs jours à l'avance en mélangeant la levure avec la farine et l'eau jusqu'à l'obtention d'une pâte d'une certaine consistance ; cette pâte doit être « rafraîchie » et retravaillée plusieurs fois pour maintenir les levures actives. Si l'on désire retarder la fermentation et l'acidification, en cas de température ambiante trop élevée, notamment en été, il suffit d'ajouter un peu de sel.

La « pâte mollette »

Il s'agit de la méthode la plus recommandée dans les recettes présentées dans cet ouvrage car elle offre de très bons résultats, même aux débutants. Préparer, avec un temps d'avance qui peut varier de 2 à 8 heures, une pâte plutôt molle en mélangeant une quantité de farine dans une quantité égale d'eau et en ajoutant un peu de levure.

PRÉPARATION DE LA PÂTE DE « REPORT »

1. Après avoir émietté la levure de bière, ajoutez de l'eau tiède sans sel

2. Faites dissoudre entièrement la levure

3. Ajoutez de la farine de très bonne qualité

4. Faites un bon amalgame

5. Mélangez d'abord dans la terrine...

6. ...puis continuez sur le plan de travail

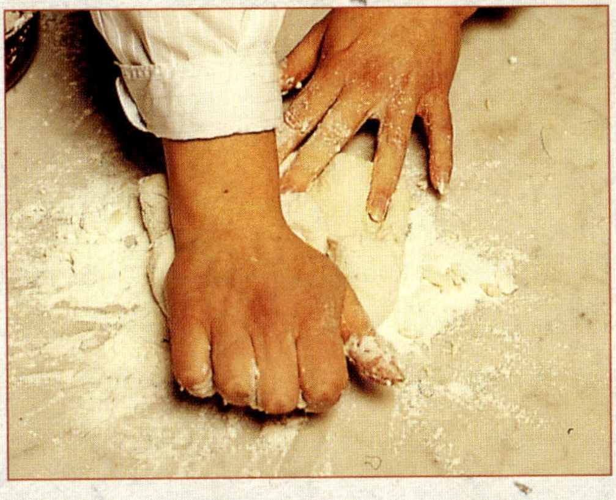

7 et 8. Commencez à pétrir

9. Travaillez la pâte avec énergie

10. Vous obtiendrez ainsi une pâte très homogène

11. Replacez ensuite la pâte dans une grande terrine en ayant au préalable saupoudré son fond de farine

12. Recouvrez l'ensemble

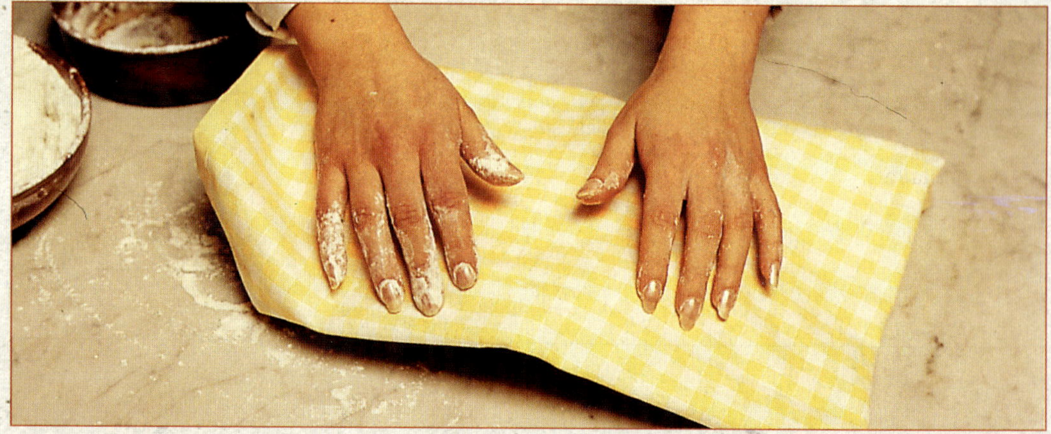

13. Laissez lever le temps nécessaire

14. Pendant le levage, la pâte ne doit pas subir d'écarts de température ni être exposée à l'air : on évite ainsi que sa surface ne durcisse

LA MÉTHODE DIRECTE

Elle consiste à travailler tous les ingrédients en même temps sans ajouter la pâte levée. Cette méthode est sans aucun doute simple, pratique et rapide, toutefois il peut y avoir des problèmes dans le levage qui demandera des temps plus longs.

LA PROCÉDURE

Après avoir opté pour une méthode, il faut choisir méticuleusement les ingrédients :
– la farine, si possible tamisée, doit de préférence être à température ambiante ;
– la levure, réduite en miettes afin de réactiver les cellules, doit être sortie du réfrigérateur à l'avance ;
– l'eau, dont le poids dépendra de la qualité de la farine, de son taux d'humidité et de la consistance que l'on veut donner à la pâte, doit être dans la plupart des cas tiède.

• Disposez la farine en fontaine, ajoutez au centre la levure dissoute dans l'eau tiède dans le cas de la méthode directe, ou la pâte mollette, la pâte déjà levée selon la méthode indirecte, méthode qui donne les meilleurs résultats.

• Toujours au centre, ajoutez les ingrédients de la recette choisie et l'eau tiède : exagérez un peu avec l'eau (si la pâte est trop molle, rajoutez un peu de farine) afin d'éviter une pâte dure qui ne permet pas la formation de la trame glutamique et par conséquent le levage.

• Le pétrissage, énergique et sans interruption, se fera avec les paumes des mains et ne doit pas durer moins de 20 minutes.
La réussite de la préparation dépend de votre habileté à pétrir la pâte (ce qui s'améliore avec l'expérience) : une pâte bien pétrie, quand elle est pincée, s'étire mais ne se déchire pas ; quand on la presse avec un doigt pendant quelques secondes, elle reprend tout de suite sa forme initiale ; si on la coupe, elle présente à l'intérieur une structure alvéolaire qui rappelle celle d'une éponge.

• Après avoir préparé la pâte, il faut la couvrir immédiatement avec un torchon puis avec un tissu en laine, et la laisser reposer dans un milieu tiède tant qu'elle n'aura pas doublé de volume : c'est le **premier levage.**
Quand la pâte est bien gonflée, il faut la retravailler en la pétrissant encore pendant quelques minutes ; après lui avoir donné la forme désirée, on couvre le pain et on le laisse encore reposer : c'est le **second levage.** C'est seulement quand il aura doublé de volume qu'il pourra être enfourné. La panification est un art et le pain préparé par vous-même sera unique, comme si vous l'aviez acheté chez votre boulanger.

LA RÈGLE DE « 70 »

Afin de savoir si la température est correcte, il existe une méthode infaillible : la règle de « 70 » (au moins). Il faut ajouter, à la température ambiante, la température des ingrédients :

température ambiante : 20 °C + farine : 20 °C + eau : 30 °C = **total : 70 °C**

Le résultat ne doit pas être inférieur à 70 °C, en tenant compte du fait que la température de l'eau doit être comprise entre 30 et 35 °C.

DIX ASTUCES POUR OBTENIR UNE BONNE PÂTE

1. Réchauffer l'endroit où l'on travaille, surtout pendant la saison froide, en le portant à une température de 20 à 25 °C.
2. Utiliser des farines de bonne qualité.
3. Utiliser les ingrédients à température ambiante et l'eau à 30-35 °C.
4. Utiliser une petite quantité de pâte à pain employée dans un pétrissage précédent afin de garantir un bon résultat de levage.
5. Éviter de dissoudre la levure et le sel dans la même eau ou de les mettre en contact direct : le sel compromet l'action de la levure.
6. Ne pas utiliser de grandes quantités de sel afin de ne pas ralentir le processus de levage.
7. Ne pas limiter l'eau, afin de ne pas rendre la pâte dure : plus il y aura d'eau, mieux réussira la pâte ; mais il ne faut pas l'ajouter à la pâte déjà formée qui doit avoir à la fin une température de 20 à 27 °C.
8. Ne pas exagérer la quantité de levure : s'il y en a trop cela ne facilite pas le levage mais rend la pâte acide, il faut en augmenter la quantité seulement si la recette prévoit l'ajout de substances grasses.
9. Ajouter dans l'eau où la levure sera dissoute une petite quantité de sucre : il s'agit d'un élément nutritif supplémentaire qui active le processus de fermentation ; il faut toutefois tenir compte du fait que le sucre, comme le lait, a tendance à donner une coloration plus foncée à la surface du produit en fin de cuisson.
10. Se rappeler que le lait, le miel et le sucre, à cause du processus de caramélisation, ont tendance à donner une coloration plus foncée à la surface du pain : afin d'éviter que la pâte soit trop foncée, couvrez-la avec du papier d'aluminium.

La fabrication de pains élaborés, comme les brioches et les pâtes levées en général, exige une technique légèrement plus complexe et fatigante : la « sérification », procédure de raffinage qui s'applique lorsque la pâte est déjà pétrie.
Après 10 minutes de levage on passe à « l'étranglement » de la pâte pour la « jeter » ensuite avec force sur une surface résistante (pas en bois).
Les maîtres boulangers, avant l'utilisation des machines pour la fabrication des produits de boulangerie, pratiquaient ce système en « jetant » la pâte entre cinquante et cent fois de suite.

Les outils

Les outils dont il faut se servir pour la préparation du pain ne sont pas très nombreux : le plan de travail, le cas échéant le rouleau, le tamis pour la farine, etc. Mais ceux qui méritent le plus d'attention sont le four et les récipients.

Le four

Le meilleur four est le four au feu de bois qui reste toutefois à la portée des quelques privilégiés ayant la chance de se servir des cuisinières « à l'ancienne ». En effet, il permet d'obtenir un pain friable et qui se conserve plus longtemps. Néanmoins, avec quelques petites ruses, on peut également obtenir de très bons résultats avec un four domestique courant, électrique ou à gaz.

Le four à bois

Il peut être construit avec n'importe quels matériaux (les fours les plus modernes sont préfabriqués), mais il sera toujours revêtu à l'intérieur de briques réfractaires empêchant la dispersion de la chaleur qui sera distribuée de cette façon uniformément, au grand bénéfice de la cuisson qui sera elle aussi plus régulière.

Il convient de le chauffer une heure et demie, voire deux heures à l'avance, avant d'introduire le pain.

Il vaut mieux allumer le feu avec du petit bois et, pour atteindre et garder une température idéale, ajouter du bois bien sec et dur.

Si le four est équipé d'un thermostat, contrôler la température ; si au contraire il n'en est pas équipé, se baser sur la couleur de la voûte. Quand celle-ci aura une coloration blanche, due à la forte chaleur, enlever les braises et les cendres et enfourner une petite quantité de pâte « échantillon ».

Si le four est suffisamment chaud, on peut enfourner le pain en se servant de la pelle typique.

Le four domestique

Pour cuire le pain dans le four domestique, il est nécessaire de bien connaître ses caractéristiques.

Le four domestique a l'avantage d'être doté d'un thermostat indiquant la température qui sera en outre plus facile à régler (il est toutefois conseillé de faire des essais afin de vérifier les temps de cuisson).

La vapeur et l'humidité ne se développent pas comme dans les fours artisanaux ou industriels et, afin de

On doit le pain épi à Jack Aumoine, un boulanger parisien qui obtint son brevet pour un « procédé d'obtention d'un pain en forme d'épi de blé » en 1960. Il a été l'un des premiers pains à sortir des sentiers battus
© Espace Pain Information

remédier à cet inconvénient, on peut insérer dans le four un bol contenant de l'eau.
Une autre astuce pour éviter que le pain ne se dessèche et présente une croûte trop épaisse et dure est de l'enduire d'eau avec un pinceau. Le pain sera enfourné une fois atteinte la température nécessaire et l'on veillera à n'ouvrir le four que pendant la phase finale pour vérifier la cuisson.
Si le pain tend à cuire seulement en surface, tournez-le rapidement ou couvrez-le avec du papier d'aluminium ; un pain bien cuit doit résonner quand on tape sur le dessous, avoir un aspect léger et être croustillant.

Les récipients

Pour nos préparations une plaque de four est tout à fait convenable ; toutefois pour le pain de mie il faudra utiliser un moule rectangulaire avec des bords élevés, comme pour le plum-cake. Si l'on préfère, il existe des lèchefrites et des récipients de différents matériaux (acier, aluminium, pirex ou céramique) et de tailles variées. Le récipient doit être huilé avant son utilisation et peut être éventuellement couvert de papier d'aluminium ou de papier sulfurisé.
Après l'utilisation, si le récipient ne présente pas d'incrustations, il suffira de l'essuyer avec un chiffon en évitant l'emploi de produit détergent.

La consommation de pain

Pendant des siècles il a été un aliment essentiel, déterminant dans la survie des peuples, et aujourd'hui encore il garde une place privilégiée dans notre alimentation.

Valeur nutritionnelle du pain

La valeur nutritionnelle de 10 g de pain blanc est la suivante :
- 34 g d'eau ;
- 9 g de protides ;
- 2 g de lipides ;
- 55 g de glucides ;
- petites quantités de calcium, phosphore, fer et vitamine B.

Les différents types de pain

La consommation de pain se limite surtout au pain commun, le plus économique, et au pain de campagne.
Le pain produit de façon artisanale occupe une partie du marché bien plus importante ; le pain de mie est aussi largement consommé pour faire des toasts, des tartines et tout simplement pour des raisons pratiques.
Récemment est apparu sur le marché le pain surgelé déjà cuit ou à préparer, ce qui permet d'avoir à tout moment du pain toujours frais, chaud et croustillant.
Le pain fait maison est toutefois le seul à pouvoir garantir des ingrédients naturels et de qualité.

Le pain surgelé

Le pain surgelé, très pratique lorsqu'on n'a pas la possibilité d'acheter du pain frais, a l'avantage de se conserver longtemps.
Bien que ce produit soit garanti en fraîcheur et en qualité, il pourra rarement être à la hauteur d'un produit fait maison et avoir la fragrance et le goût du pain à peine sorti du four. Il convient donc d'évaluer si l'on veut miser sur le côté pratique ou sur le caractère naturel d'un pain artisanal confectionné avec des farines de qualité, de la levure naturelle, de l'eau et de l'huile d'olive de qualité, sans conservateurs ou autres produits chimiques.

La décongélation

La décongélation d'un produit surgelé a lieu dans le four en variant le temps et la température selon que le produit est semi-cuit ou précuit :
- **semi-cuit** : à 250 °C pendant 7 minutes environ ;
- **précuit** : à 200 °C environ pendant un temps inférieur.

LE PAIN FAIT MAISON

Faire du pain maison signifie prendre conscience de la relation qui se crée avec un aliment qui nous ramène à nos origines et il peut devenir une véritable philosophie de vie.
Les nouvelles tendances, en effet, privilégient une méthode entièrement liée à la tradition : la farine doit être rigoureusement complète et moulue juste avant la préparation afin de maintenir intactes toutes les valeurs nutritionnelles, et les outils de travail doivent être essentiellement faits avec des matériaux naturels.
Ce serait donc une erreur de renoncer au plaisir du pain et surtout au plaisir de le déguster encore chaud et croustillant avec son arôme pénétrant et délicieux ; surtout parce qu'en le préparant soi-même, il sera possible de profiter des joies du palais et d'utiliser son imagination pour mettre en pratique des recettes qui se trouvent dans cet ouvrage (voir à partir de la page 41).

CALORIES ET DIGESTIBILITÉ

L'aspect positif du régime méditerranéen consiste, et les diététiciens des autres pays le confirment, en la présence de glucides indispensables pour le bon fonctionnement de l'organisme, dont les pâtes et le pain sont les sources principales.
Selon des statistiques récentes, la consommation du pain a fortement baissé au cours des dernières décennies jusqu'à atteindre la valeur actuelle de 200 grammes par jour et par personne. Le pain est en effet remplacé par d'autres aliments considérés comme étant moins nourrissants, comme les pains suédois, etc.
Toutefois, cette opinion est erronée, comme le confirment les données suivantes : 100 grammes de pain de froment contiennent 280 calories environ contre 428 contenues par la même quantité de crackers.
Une autre rumeur sur le pain veut qu'il ne soit pas digeste. Ce problème naît lorsque le pain n'est pas bien cuit ou contient beaucoup de mie : la mie du pain retient l'eau, ce qui la rend plus souple, et une fois ingérée elle a tendance à former une boule qui présente une surface limitée aux sucs salivaires et gastriques qui, pour cette raison, prendront plus de temps à la rendre assimilable. Le remède est simple : il suffit d'acheter du pain bien cuit avec peu de mie, ou de le toaster légèrement.

LIMITATIONS ET INTOLÉRANCE

La consommation moyenne de pain, indiquée précédemment a, comme on le disait, une valeur statistique. En effet, nombreuses sont les personnes qui considèrent encore le pain comme un aliment fondamental et donc n'arrivent pas à s'en passer, même dans des situations de limitation objective et nécessaire.
Redécouvrons donc le régime méditerranéen, mais apprenons également à choisir le pain le plus adapté à nos exigences.
Au cours d'un régime amaigrissant, par exemple, ou pour aider l'activité d'un intestin paresseux, l'idéal est le pain complet, riche en fibres, en sels minéraux et en vitamines.
Il existe en outre des personnes atteintes de maladie cœliaque, surtout chez les enfants, qui ne tolèrent pas le gluten contenu dans les farines ; cette intolérance provoque des troubles gastro-intestinaux, comme la diarrhée,

ATTENTION

Il faut manger du pain dans de justes proportions, la consommation excessive entraîne l'augmentation acide et provoque des problèmes aux personnes souffrant d'ulcère et de colite.

LES CARENCES EN PROTÉINES DU PAIN DE FROMENT

Le pain de froment présente certaines carences dans la composition des protéines. Il s'agit de certains acides aminés, dont la lysine, que notre organisme n'arrive pas à synthétiser. Toutefois les carences protéiques de ce type de pain sont surmontées en ajoutant à la pâte du lait ou de la farine de soja.

qui peuvent dégénérer dans les formes graves en avitaminose et anémie. Dans ce cas on a recours à un pain produit à partir de farines d'où l'on a retiré le gluten ou qui en sont naturellement privées, comme la farine de riz et celle de sarrasin ou de millet, les produits farinacés de maïs ou de froment contenant exclusivement de l'amidon.

LA FRAÎCHEUR

Le pain fait maison garde sa fraîcheur plus longtemps. Par conséquent, s'il est conservé dans un sachet en papier, il durera quelques jours.
Le pain que l'on achète, par contre, a une durée différente qui varie selon la procédure de préparation des ingrédients :
– le pain blanc maintient ses caractéristiques pendant un ou deux jours ;
– le pain noir ou le pain produit avec de la farine de blé dur ou complète peut durer jusqu'à six ou sept jours ;
– le papier à musique, pain d'origine sarde dont la recette se trouve dans ce livre, garde ses caractéristiques inaltérées pendant des mois.

Quand le pain est vieux il ne faut pas le jeter car il peut être réutilisé : pour les hors-d'œuvre ou le dessert, il est possible d'élaborer des plats à base de pain rassis ; en outre, s'il est bien sec, il est possible de le râper pour obtenir de la chapelure utilisable dans nombre de recettes.
Si le mode de conservation n'est pas bon, le pain peut présenter des moisissures jaunes ou vertes, provoquées par des spores qui se développent en excès d'humidité et qui sont nuisibles pour l'organisme.
Si le pain est conservé dans un panier à pain, il convient de le nettoyer assez fréquemment avec de l'eau et un détergent, ou avec de l'eau et du vinaigre, pour éviter la prolifération des spores.

POUR RÉGÉNÉRER LE PAIN RASSIS

Un moyen est de le mettre dans un sachet en papier humide et de le passer au four pendant un quart d'heure : il redeviendra tout frais ; ou alors si l'on préfère le pain croustillant, on le met au four sans le papier humide.
Une autre méthode consiste à le faire tremper dans l'eau, si possible dans un récipient en terre cuite avec un couvercle, le temps nécessaire pour lui rendre sa souplesse.

La conservation

La procédure de refroidissement comme méthode de conservation a fait naître des polémiques qui sont toutefois privées de fondement. En effet, il est prouvé que la congélation et la surgélation n'altèrent pas les caractéristiques du produit qui n'est donc pas cancérigène. Toutefois, il convient de surgeler un produit après l'avoir enfermé dans un sachet ; il s'agit d'une excellente méthode pour conserver le pain et l'idéal serait de le couper en tranches avant de le mettre au congélateur afin de pouvoir ensuite décongeler seulement la quantité nécessaire.
Avant de l'utiliser, on le passe au four à température moyenne pendant quelques minutes, sur la grille, en plaçant une terrine avec un peu d'eau sous cette dernière.

La couronne lyonnaise est le pain le plus répandu dans cette région. Il accompagne merveilleusement le saucisson chaud ou brioché, ainsi que les quenelles © Espace Pain Information

DEUXIÈME PARTIE

RECETTES

Les doses, sauf précision, sont prévues pour la consommation quotidienne de 4 personnes. Si le dosage des ingrédients n'est pas indiqué, consultez le chapitre traitant chacun d'eux, à partir de la page 21. L'huile et le beurre destinés à enduire les casseroles et les terrines ne sont pas mentionnés parmi les ingrédients ; les modalités à suivre sont indiquées, si besoin est, dans la description de la préparation.

Les temps indiqués se réfèrent :

- *à la préparation : préparation des ingrédients et pétrissage (temps de levage exclus) ;*
- *au levage : temps de repos de la pâte ;*
- *à la cuisson : dans des fours domestiques ordinaires (exception faite pour certaines recettes, pour la plupart étrangères, qui ne prévoient pas l'utilisation du four).*

PAIN ORDINAIRE,
PAINS NON LEVÉS
ET PAINS SPÉCIAUX

Préparation du pain ordinaire

1. Prenez une quantité suffisante de levure de bière

2. Émiettez la levure et ajoutez de l'eau tiède

3. Ajoutez de la farine « de force »

4. Faites un bon amalgame

5. Installez-vous sur le plan de travail

6. Travaillez bien le mélange jusqu'à ce que vous obteniez une pâte homogène

7. Placez la pâte dans une terrine

8. Recouvrez et laissez lever. Une fois le temps de levage passé, découvrez la pâte...

9. ... préparez les ingrédients sur le plan de travail et disposez la farine en fontaine

10. Ajoutez la pâte de « report »...

11. ... au centre de la fontaine

12. Faites dissoudre le sel fin dans l'eau tiède

13. Mouillez rapidement la farine...

14. ... et rappelez-vous qu'une pâte réalisée avec un bon apport d'eau...

15. ... et à la bonne température...

16. ... sera moelleuse...

17. ... et élastique...

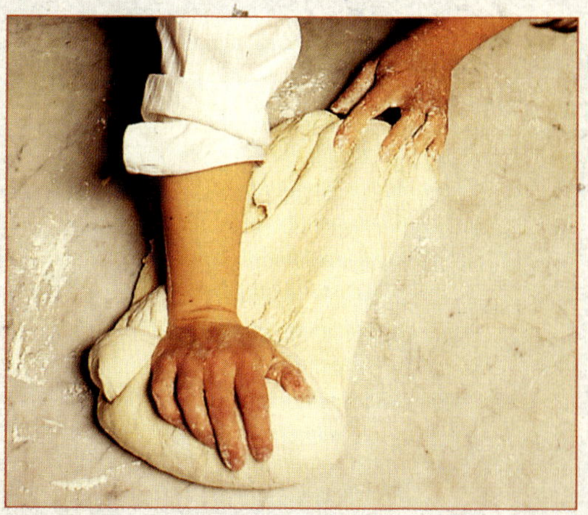

18. ... facile à travailler

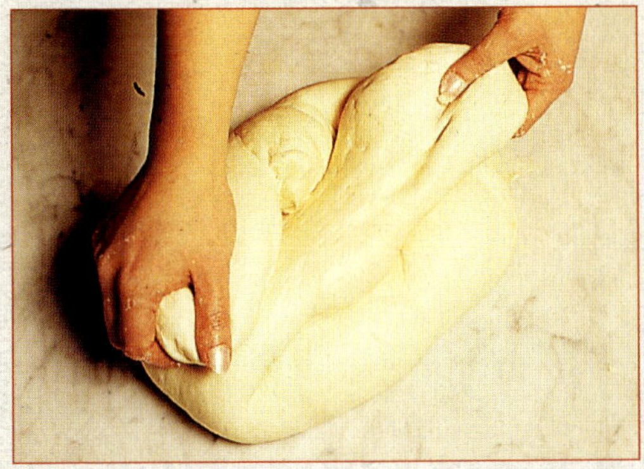

19. Vous devez pétrir avec énergie et replier plusieurs fois la pâte sur elle-même

20. Pour rendre la pâte encore plus molle, vous pouvez ajouter de l'huile au début du pétrissage ou quand la pâte est déjà formée : cette simple précaution vous permettra...

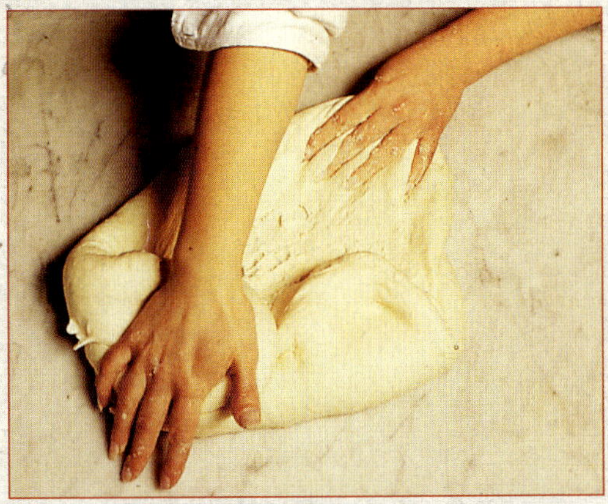

21. ....d'obtenir un pain particulièrement savoureux, moelleux et nourrissant

22. Quand la pâte est bien travaillée, les bulles dues à la fermentation apparaissent

23. Rassemblez la pâte, recouvrez-la...

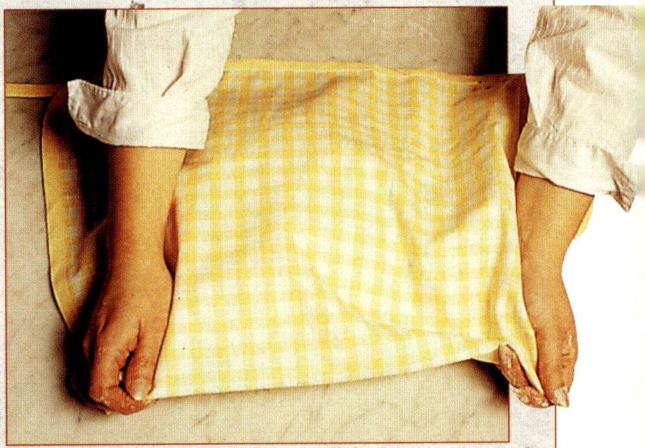

24. ... et laissez-la lever dans un endroit tiède

25. Après une heure environ, elle aura doublé de volume ; découvrez-la...

26. ... dégonflez-la...

27. ... et travaillez-la avec les mains pendant quelques minutes

28. Allongez sa forme

29. En « tordant » la pâte, divisez-la...

30. ... en parts plus ou moins égales

31. Travaillez chaque morceau...

32. ... et façonnez le pain selon la forme que vous voulez

33-34. Voilà par exemple comment former les petits pains

35. Posez chaque petit pain sur le plan de travail, en les enfarinant bien pour que la pâte ne colle pas

36. Recouvrez les petits pains avec un torchon...

37. ... et laissez-les lever dans un endroit tiède

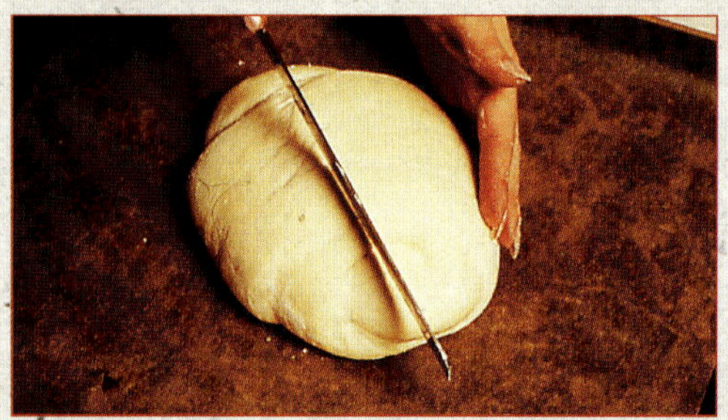

38-39-40. Une fois qu'ils ont levé, placez-les sur un plat légèrement huilé et effectuez une entaille sur leur surface

Voilà comment peut se présenter un petit pain terminé : avec une surface « naturelle » ou bien saupoudrée de farine

POUR 4 PIÈCES DE 200 G

PRÉPARATION
30 MINUTES
LEVAGE
15-40 MINUTES
CUISSON
20 MINUTES

BAGUETTE PARISIENNE

- *500 g de farine (type 55)*
- *15 g de levure de bière*
- *30 cl d'eau tiède environ*
- *10 g de sel*

1. Diluez la levure dans l'eau et incorporez-la à la farine et au sel.

2. Pétrissez la pâte et laissez-la reposer 15 minutes dans un saladier recouvert d'un linge. Pesez des pâtons de 200 à 220 g.

3. Commencez le façonnage en long avec la paume de la main, en serrant bien pour enlever l'air. Si vous remarquez que la pâte est trop élastique et qu'elle a du mal à s'étirer, laissez-la reposer encore 5 minutes. Allongez-la en partant du centre et en roulant.

4. Si vous utilisez la profondeur du four, amenez les pâtons à une longueur de 30 à 35 cm (la baguette traditionnelle est de 50 à 60 cm).

5. Posez sur un torchon une baguette façonnée. Faites un pli avec le torchon et déposez une deuxième baguette. Procédez ainsi pour les quatre baguettes.

6. Couvrez d'un deuxième torchon, laissez-les lever (le volume doit doubler), puis posez-les sur une plaque de cuisson. Taillez chaque pâton de trois ou quatre coups de cutter (lame inclinée). Laissez cuire rapidement à 240 °C (th. 8) 20 minutes environ. La baguette doit avoir une croûte croustillante et bien dorée.

VARIANTE

Pour lui donner un côté plus rustique, il est possible de remplacer 60 g de farine de type 55 par 60 g de farine de seigle.

PRÉPARATION
20 MINUTES

LEVAGE
3-4 HEURES
+ 2 HEURES

CUISSON
60 MINUTES

BOULE DE PAIN

- *1 kg de farine (blanche, de campagne ou mélange des deux)*
- *40 g de levure de bière*
- *75 cl d'eau tiède*
- *1 cuillerée à café de sel*

1. Dans une grande jatte, mélangez le sel à la farine. Mettez un peu d'eau dans un bol et délayez la levure.

2. Versez le reste d'eau petit à petit sur la farine tout en pétrissant. Ajoutez la levure. Pétrissez jusqu'à l'obtention d'une pâte souple qui ne colle plus aux doigts.

3. Placez un torchon humide sur la jatte et laissez lever la pâte 3 à 4 heures dans un endroit tempéré.

4. Après le levage, mettez la pâte sur le plan de travail fariné. Pétrissez à nouveau en repliant la pâte plusieurs fois sur elle-même pour enlever l'air. Formez une boule.

5. Placez dans une corbeille un torchon sec et fariné. Placez la boule de pâte dans la corbeille et laissez lever environ 2 heures dans un endroit tempéré.

6. Renversez la boule levée sur la plaque du four (antiadhésive de préférence). Pratiquez des incisions au couteau sur le dessus. Passez au four chaud à 180 °C (th. 6) et laissez cuire 60 minutes.

PRÉPARATION

20 MINUTES

LEVAGE

4 HEURES
+ 8-12 HEURES
+ 10-15 MINUTES

CUISSON

60 MINUTES ENVIRON POUR LA MICHE
30 MINUTES POUR LES PETITS PAINS

PAIN DE SEIGLE

- *200 g de farine de blé 45 de très bonne qualité*
- *5 g de farine de malt*
- *300 g de farine de seigle*
- *25 g de levure de bière*
- *10 g de sel*
- *30 cl d'eau à 35 °C environ*

1. Dissolvez la moitié de la dose de la levure dans une petite quantité d'eau tiède, ajoutez environ 50 g de farine de blé et formez une pâte molle plutôt souple que vous laisserez reposer dans un endroit tiède pendant 4 heures environ.

2. Sur le plan de travail préparez une fontaine avec la farine de malt, la farine de seigle et le reste de farine de blé. Ajoutez la pâte molle levée, le sel et la levure restante dissoute à part dans un peu d'eau tiède.

3. Procédez au pétrissage en ajoutant peu à peu de l'eau, jusqu'à l'obtention d'une pâte souple et de consistance légère.

4. Formez une miche ronde et laissez-la reposer dans un endroit tiède, couverte d'un torchon, pendant 8-12 heures.

5. Ensuite reprenez la pâte et façonnez-la comme vous le préférez, en petits pains de 70 g environ ou en miche. Disposez le pain sur une plaque enduite d'huile, faites une incision sur la surface et attendez 10-15 minutes pour que la pâte reprenne le levage ; ensuite enfournez à 200 °C pendant 60 minutes environ pour la miche et 30 minutes pour les petits pains ; à mi-cuisson sortez rapidement le pain du four, retournez-le et terminez la cuisson en le couvrant d'une feuille d'aluminium.

VARIANTE

Si vous désirez enrichir cette recette, vous pouvez ajouter du cumin (point 2).

PRÉPARATION
30 MINUTES
LEVAGE
60 MINUTES
CUISSON
2-3 HEURES

PAIN AUX POUSSES DE BLÉ

- *400 g de pâte de pain (voir recette du pain ordinaire page 58)*
- *100 g de pousses de blé*

1. Préparez la pâte à pain ou achetez-la déjà prête chez votre boulanger.

2. Procurez-vous des pousses de blé que vous intégrerez à la pâte, entières ou mixées, en pétrissant avec soin.

3. Façonnez la pâte en forme de miche.

4. Couvrez avec un tissu de laine et laissez reposer pendant 60 minutes.

5. Déposez la miche dans un moule à four doté, si possible, d'une fermeture hermétique.

6. Laissez cuire pendant 2-3 heures à 120-150 °C environ.

SUGGESTION

Si vous ne pouvez pas trouver dans le commerce les pousses de blé, il sera facile de les produire de façon domestique.
Prenez des grains de blé et trempez-les dans l'eau pendant 4-6 heures. Égouttez-les avec soin et gardez-les dans un pot en verre que vous placerez dans un endroit sombre et frais.
Pendant 3-4 jours, une fois par jour, sortez-les du pot, rincez-les et mettez-les à nouveau dans le pot sans les essuyer complètement : ils doivent rester humides. Cette procédure terminée, vous obtiendrez des pousses de blé.

PRÉPARATION
10 MINUTES
LEVAGE
2 HEURES
CUISSON
30 MINUTES

PAIN À L'AMIDON DE MAÏS ET DE RIZ

- *200 g d'amidon de maïs*
- *250 g de farine de riz*
- *2 cuillerées à soupe d'huile d'olive vierge extra*
- *1 cube de levure*
- *1 cuillerée à café de sel*
- *1 cuillerée à café de sucre*
- *2 blancs d'œufs*
- *eau en quantité suffisante*

1. Versez tous les ingrédients dans un saladier et mélangez énergiquement avec une cuillère en bois.

2. Obtenez une pâte plutôt souple mais sèche.

3. Posez la pâte sur la plaque, étalez-la un peu et laissez-la reposer dans un endroit tiède pendant 2 heures.

4. Mettez-la dans un four chauffé au préalable et laissez cuire pendant 30 minutes environ à la température de 200-220 °C.

PRÉPARATION
60 MINUTES

LEVAGE
2-3 HEURES
+ 60 MINUTES

CUISSON
60 MINUTES

PAIN AU LAIT

- *500 g de farine blanche*
- *15 g de levure de bière*
- *un peu d'eau chaude*
- *50 g de sucre*
- *50 g de beurre mou*
- *35 cl environ de lait tiède*
- *1 cuillerée à café de graines d'anis ou de fenouil pour la décoration*

1. Dans une terrine, délayez la levure avec un peu d'eau chaude, en ajoutant ensuite de la farine de façon à obtenir une pâte plutôt molle. Couvrez avec un torchon et laissez reposer pendant 2-3 heures, jusqu'à ce qu'elle double de volume.

2. Ensuite, disposez en fontaine le reste de farine sur le plan de travail et ajoutez le sucre, le beurre et la pâte levée.

3. Mouillez petit à petit avec le lait tiède et continuez à pétrir pendant 20 minutes environ jusqu'à l'obtention d'une pâte molle et bien homogène.

4. Ramassez la pâte, couvrez-la avec un tissu en laine et laissez-la reposer pendant 60 minutes environ dans un endroit tiède.

5. Quand la pâte aura doublé de volume, dégonflez-la avec les mains et repétrissez pendant quelques minutes : formez ensuite une miche que vous façonnerez à votre goût, ou des petits pains de 70 g chacun.

6. Posez le pain sur une plaque légèrement huilée, saupoudrée de farine ou recouverte d'une feuille de papier sulfurisé. Laissez la pâte reprendre le levage et mettez-la au four à 180 °C pendant 60 minutes. N'oubliez pas d'inciser la surface du pain avant de le mettre au four afin d'éviter qu'il se casse de façon irrégulière pendant la cuisson. Vous pouvez décorer la surface avec des grains d'anis, de fenouil ou autres.

VARIANTE

En utilisant les mêmes ingrédients que pour cette recette, vous pouvez confectionner des mini-pains. Il suffit de suivre les indications décrites jusqu'à la moitié du point 5 : vous dégonflez la pâte et vous façonnez de petits cylindres, étroits et longs, qui pourront ensuite être entortillés ou noués à votre goût. Vous pourrez obtenir de petites tresses, des noix, des étoiles, en somme des petits pains que vous pourrez décorer comme vous le désirez avec des graines de sésame, de fenouil, de pavot, ou bien avec des grains de sucre.

PRÉPARATION
35-40 MINUTES
LEVAGE
60 MINUTES
CUISSON
20 MINUTES

PAIN AZYME

- *300 g de farine blanche 45*
- *150 g de farine complète*
- *30 cl environ d'eau tiède*
- *huile d'olive*

1. Tamisez les farines et mélangez-les sur le plan de travail. Disposez-les en fontaine et ajoutez l'eau tiède.

2. Pétrissez la pâte pendant 15-20 minutes et laissez-la reposer couverte pendant 60 minutes environ.

3. À la fin de la préparation, donnez à la pâte une forme plutôt ronde et commencez à l'abaisser à l'aide du rouleau jusqu'à obtenir une feuille d'un demi-centimètre d'épaisseur. Disposez la pâte sur une plaque huilée ou couverte d'une feuille de papier sulfurisé et, à l'aide d'un pinceau, enduisez-la d'un peu d'huile d'olive.

4. Faites cuire pendant 20 minutes environ à 250 °C. Afin d'obtenir une cuisson uniforme des deux côtés, vous pouvez retourner la pâte après 10 minutes.

PRÉPARATION

45 MINUTES

LEVAGE

1 NUIT + 60 MINUTES
+ 20 MINUTES

CUISSON

50-60 MINUTES POUR LA MICHE
30 MINUTES POUR LES PETITS PAINS

PAIN ORDINAIRE OU PAIN AU FROMENT

- *500 g de farine blanche*
- *15 g de levure de bière*
- *1/2 cuillerée à café de sel*
- *25-30 cl d'eau tiède*

1. Dans une terrine préparez une pâte molle avec de l'eau, 100 g de farine et de la levure émiettée. Couvrez avec un torchon et laissez lever pendant une nuit dans un endroit tiède.

2. Disposez en fontaine la farine restante, le sel et la pâte levée. Ajoutez la quantité suffisante d'eau.

3. Pétrissez un bon moment ; quand les premières bulles apparaîtront sur la surface, ramassez la pâte et formez une boule.

4. Couvrez la pâte et laissez-la reposer pendant 60 minutes.

5. Après ce laps de temps, la pâte aura doublé de volume : dégonflez-la avec les doigts et pétrissez encore quelques minutes.

6. Prélevez de la pâte des parts de 70 g environ et façonnez-les selon votre goût. Si vous le préférez, vous pouvez former une miche unique de forme allongée ou ronde.

7. Disposez la pâte sur une plaque couverte de papier sulfurisé ou d'une feuille d'aluminium enduite d'huile. Laissez lever la pâte encore 20 minutes environ avant de la mettre au four chauffé à 200 °C (environ 50-60 minutes pour la miche et 30 minutes pour les petits pains).

VARIANTE

En remplaçant la farine blanche par de la farine au gluten, on obtiendra du pain adapté aux personnes souffrant de diabète et à celles qui ne peuvent pas digérer les amidons. Attention : l'allergie au gluten est très répandue. En utilisant à la place de la farine blanche, du blé entier, on obtient le « pain au blé ». Avant d'utiliser le blé, il convient toutefois de démarrer le processus de germination (voir recette du pain aux pousses de blé, page 54). Le froment doit ensuite être égoutté et moulu finement.

PRÉPARATION
60 MINUTES

LEVAGE
30 MINUTES
+ 20 MINUTES
+ 60 MINUTES

CUISSON
70 MINUTES POUR LA MICHE
30 MINUTES POUR LES PETITS PAINS

PAIN D'AVOINE

- *250 g de farine de blé 45*
- *25 g de levure de bière*
- *25 cl environ d'eau tiède*
- *250 g de flocons d'avoine*
- *5 cl de lait*
- *50 g de beurre fondu*
- *50 g de miel*
- *15 g de sel*

1. Dissolvez la levure dans une petite quantité d'eau tiède et ajoutez une poignée de farine. Mélangez bien cette pâte à frire et laissez-la reposer pendant 30 minutes environ.

2. Préparez sur le plan de travail le reste de farine en fontaine et ajoutez-y les flocons d'avoine, le lait, le beurre fondu, le miel, le sel et la pâte préparée. Pétrissez le tout très soigneusement. N'oubliez pas d'utiliser les liquides à une température de 35 °C : si la température de la pâte reste élevée, la levure peut mieux accomplir sa fonction.

3. Quand la pâte est homogène, couvrez-la et laissez-la reposer pendant 20 minutes, voire davantage.

4. Ensuite, reprenez le pétrissage et donnez au pain la forme désirée. Disposez ce pâton sur une plaque, couvrez avec un tissu en laine et laissez lever pendant 60 minutes environ. Si vous voulez du pain carré, mettez la pâte dans un moule à plum-cake.

5. Cuisez pendant 70 minutes la miche et pendant 30 minutes les petits pains à une température de 220 °C.

PRÉPARATION
60 MINUTES
LEVAGE
1 NUIT + 60 MINUTES
+ 15-20 MINUTES
CUISSON
40 MINUTES

PAIN DE CAMPAGNE

- *600 g de farine tamisée de type 45 ou 55*
- *35 cl environ d'eau tiède (35 °C)*
- *1 cube de levure naturelle de 25 g*
- *20 g de sel de cuisine*

© J. Kervaire/Diaporama

1. Prenez un récipient avec des bords élevés, versez-y de l'eau et faites dissoudre la levure précédemment émiettée ; ajoutez environ 500 g de farine et pétrissez jusqu'à l'obtention d'une pâte molle plutôt dense et élastique. Couvrez le récipient avec un torchon, rangez-le dans un endroit tiède et laissez lever toute la nuit.

2. Le matin suivant, procédez de cette façon : déposez en fontaine sur le plan de travail la farine restante, mettez au milieu la pâte molle et refermez en prélevant la farine sur les côtés de la fontaine.

3. Versez le reste d'eau dans une casserole et mettez-la sur le feu ; quand l'eau est tiède, prélevez-en une tasse et faites-y dissoudre le reste de levure. Versez le sel dans la casserole et faites en sorte qu'il fonde complètement ; enfin, éteignez le feu.

4. À partir de ce moment il est important d'agir rapidement, afin d'éviter que la température de la pâte ne baisse (27 °C est la température idéale). Approchez la casserole de la fontaine de farine et versez l'eau, peu à peu mais assez rapidement ; faites la même chose avec le contenu de la tasse. La quantité d'eau absorbée par la farine varie selon les cas ; c'est donc à vous de juger de la quantité d'eau nécessaire.

5. Pétrissez le tout jusqu'à obtenir une pâte tendre, élastique et souple ; avant de passer à cette opération, ayez le réflexe de saupoudrer le plan de travail avec un peu de farine car la pâte sera humide et difficile à manipuler. Si une partie de la pâte a tendance à gonfler, cela veut dire que la levure n'a pas été bien mélangée : dans ce cas, divisez la pâte en plusieurs parties et pétrissez de nouveau soigneusement. Si nécessaire, répétez l'opération tant que la pâte n'est pas parfaitement homogène.

6. Pétrissez pendant 20 minutes ; quand vous verrez apparaître des petits gonflements à la surface de la pâte, couvrez-la avec un torchon ou un tissu en laine et laissez-la reposer pendant 60 minutes.

7. Quand la pâte a doublé de volume, reprenez le pétrissage pendant encore quelques minutes (10 minutes environ), donnez à la pâte une forme plutôt allongée et partagez-la en pains de 70-80 g environ. Disposez les petits pains sur une plaque huilée de façon qu'ils ne se touchent pas et laissez encore reposer pendant 15-20 minutes avant de les passer au four à 200 °C pendant 40 minutes.

PRÉPARATION

40 MINUTES

LEVAGE

2-3 HEURES + 60 MINUTES + 15-20 MINUTES

CUISSON

60 MINUTES

PAIN AU SARRASIN

- *150 g de farine de froment*
- *15 g de levure de bière*
- *un peu d'eau tiède*
- *350 g de farine de sarrasin*
- *1 jaune d'œuf*

1. Faites dissoudre la levure dans une petite quantité d'eau tiède et ajoutez un peu de farine de froment en quantité suffisante pour former une pâte mollette. Couvrez avec un torchon et laissez reposer pendant 2-3 heures.

2. Quand la pâte mollette aura doublé de volume, mettez-la sur le plan de travail et ajoutez-la au reste de farine de froment et à la farine de sarrasin.

3. Pétrissez la pâte jusqu'à l'obtention d'une pâte élastique et souple. Vous pouvez vérifier le degré de souplesse exact en appuyant avec un doigt. Quand vous enlevez le doigt, la pâte doit retrouver sa forme initiale.

4. Ramassez la pâte en boule et laissez-la reposer dans un endroit fermé, jusqu'à ce qu'elle double de volume (60 minutes environ).

5. Dégonflez la pâte et pétrissez-la, ensuite façonnez une miche et déposez-la sur une plaque légèrement huilée.

6. Attendez que le pain reprenne le levage (15-20 minutes environ), et mettez-le au four à 200 °C pendant 60 minutes environ. À mi-cuisson, passez sur la surface du pain, avec un pinceau, le jaune d'œuf battu dans un peu d'eau.

LE SARRASIN

Il s'agit d'une plante herbacée, une Polygonacée de 60 cm environ de hauteur, avec une tige droite rougeâtre et peu ramifiée ; les feuilles sont sagittées, en forme de cœur ; les fleurs, blanches, se trouvent sur de longs pédoncules. Le sarrasin trouve des utilisations diverses non seulement dans le domaine culinaire mais aussi en médecine et en homéopathie. La farine est obtenue par le broyage des fruits, petits et de forme vaguement triangulaire.
Mis à part une production de pain particulière, la farine de sarrasin, de couleur plutôt foncée et de goût amer, est utilisée pour des spécialités comme les galettes et les blinis.

POUR 4 PIÈCES DE 200 G

PRÉPARATION	30 MINUTES
LEVAGE	30-40 MINUTES + 30-40 MINUTES
CUISSON	40 MINUTES

PAIN AUX 3 FARINES

- *100 g de farine complète*
- *125 g de farine de seigle*
- *330 à 350 g de farine blanche*
- *25 g de levure de bière*
- *5 g de mélange d'épices*
- *40 cl d'eau tiède*
- *10 g de sel*

1. Faites dissoudre la levure dans l'eau, puis ajoutez le sel, les épices, la farine complète, la farine de seigle et la farine blanche.

2. Mélangez bien et laissez monter la pâte, couverte, pendant 30 à 40 minutes.

3. Pétrissez la pâte et formez un pain rond. Mettez-le sur une plaque huilée et faites des entailles sur le dessus.

4. Laissez le pain monter, couvert, pendant encore 30 à 40 minutes.

5. Mettez au four (préalablement chauffé) 40 minutes à 175 °C.

© J. Kervaire/L'Eau à la bouche

PRÉPARATION
40 MINUTES

LEVAGE
3 HEURES
+ 60 MINUTES
+ 20 MINUTES

CUISSON
60 MINUTES

PAIN DE MAÏS

- *350 g de farine de froment*
- *30 cl environ d'eau tiède (35 °C)*
- *20 g environ de levure de bière*
- *150 g de farine de maïs finement moulue*
- *1 cuillerée à café de sel*

1. Faites dissoudre la levure dans un peu d'eau, en ajoutant un peu de farine de froment : laissez reposer pendant 3 heures.

2. Mélangez et préparez en fontaine le reste de farine de froment et la farine de maïs en y ajoutant le sel et la pâte mollette déjà prête.

3. Pétrissez et couvrez la pâte avec un tissu chaud.

4. Attendez que la pâte double de volume (60 minutes) et recommencez à pétrir.

5. Façonnez une ou deux miches et laissez lever pendant 20 minutes.

6. Faites une incision sur la surface et laissez cuire pendant 60 minutes environ dans le four à 200-220 °C.

PRÉPARATION
60 MINUTES

LEVAGE
1 NUIT
+ 60 MINUTES
+ 30 MINUTES

CUISSON
30 MINUTES

PAIN DE MILLET

- *250 g de farine de millet*
- *1 verre de lait tiède*
- *25 g de levure de bière*
- *150 g de farine de froment*
- *50 g de farine de maïs*
- *100 g de miel*
- *2 œufs*
- *1 cuillerée à café de sel*
- *vanille*

1. Avec un jour d'avance, mélangez dans une terrine la moitié environ de la levure dans un peu de lait tiède (30 °C environ), en ajoutant un peu de farine de froment prélevée de la dose. Travaillez pendant 5 minutes environ la pâte qui doit être assez molle. Couvrez avec un torchon et laissez lever la pâte dans un endroit tiède toute la nuit.

2. Le matin suivant, disposez le reste de farine en fontaine sur le plan de travail, celle de froment, celle de maïs et celle de millet. Ajoutez le miel, les œufs, le sel et la pâte levée. Faites dissoudre à part la levure restante, dans un peu d'eau tiède ou de lait tiède. Distribuez-la uniformément sur le reste des ingrédients.

3. Pétrissez de façon énergique et si cela devait s'avérer nécessaire, ajoutez encore de petites doses d'eau ou de lait tiède afin d'obtenir une pâte souple et élastique.

4. Ramassez la pâte et couvrez-la avec un tissu de laine. Laissez-la reposer pendant 60 minutes environ, jusqu'à ce qu'elle double de volume.

5. Ensuite, pétrissez pendant quelques minutes la pâte et façonnez des pâtons ronds de 70 g environ.
Déposez les pâtons sur une plaque huilée, couvrez-les avec le tissu et laissez-les reprendre le levage (30 minutes environ). Avant de mettre au four, écrasez légèrement les pâtons et incisez la surface à l'aide d'un couteau. Badigeonnez de lait tiède aromatisé à la vanille la surface extérieure.

6. Faites cuire pendant 30 minutes à 200 °C.

PRÉPARATION
15-20 MINUTES
LEVAGE
2 HEURES + 20 MINUTES
CUISSON
30 MINUTES

PAIN DE RIZ
(RECETTE POUR PERSONNES SOUFFRANT DE MALADIE CŒLIAQUE)

- *250 g de farine de riz*
- *80 g de fécule de pomme de terre*
- *35 cl d'eau*
- *25 g de levure de bière*
- *1/2 cuillerée à soupe d'huile d'olive (ou de beurre mou)*
- *10 g de sucre*
- *10 g de sel*

1. Faites dissoudre la levure en poudre dans une petite quantité d'eau tiède et laissez-la agir jusqu'à ce que les petites bulles caractéristiques apparaissent (2 heures).

2. Sur le plan de travail, disposez la farine et la fécule en fontaine en y ajoutant l'huile, le sucre et le sel (ces deux derniers ingrédients devront être préalablement dissous dans de l'eau).

3. Ajoutez l'eau restante et obtenez une pâte en pétrissant délicatement. Ajoutez ensuite la levure dissoute et continuez à pétrir jusqu'à l'obtention d'une pâte lisse et homogène.

4. Laissez reposer la pâte couverte pendant 20 minutes environ.

5. Façonnez une miche et disposez-la sur une plaque légèrement huilée.

6. Faites-la cuire pendant 30 minutes à 180 °C en contrôlant souvent la cuisson.

PRÉPARATION

40 MINUTES

LEVAGE

1 NUIT
+ 30-40 MINUTES
+ 60 MINUTES

CUISSON

45 MINUTES

PAIN DE SEMOULE

- *450 g de farine de blé dur (semoule ou finot)*
- *25 cl d'eau tiède (25 °C environ)*
- *20 g de levure*
- *1 cuillerée à café de sel*

1. Dans un récipient à bords hauts, préparez une pâte mollette en utilisant 100 g de farine, 10 cl d'eau tiède et la moitié de la levure. Laissez lever pendant une nuit dans un endroit couvert.

2. Le matin suivant, disposez le reste de farine sur le plan de travail et ajoutez le sel et l'eau restante où vous aurez dissous le reste de levure.

3. Procédez au pétrissage en ajoutant la pâte levée.

4. Ramassez en forme de boule la pâte ainsi obtenue et laissez-la reposer pendant 30-40 minutes couverte d'un tissu en laine.

5. Pétrissez à nouveau la pâte et formez 3 miches de 200-250 g chacune. Couvrez les miches et laissez-les lever pendant 60 minutes.

6. Mettez au four à 200 °C pendant 45 minutes environ. Pour une cuisson uniforme, il convient de retourner les pains après 30 minutes environ.

PRÉPARATION
60 MINUTES
LEVAGE
2 HEURES + 60 MINUTES
CUISSON
50-60 MINUTES

PAIN DE SOJA

- *350 g de farine de froment*
- *30-35 cl environ d'eau tiède*
- *15 g de levure de bière*
- *150 g de farine de soja*
- *2-3 cuillerées à soupe d'huile d'olive vierge extra*
- *1 cuillerée à café de sel*

1. Mélangez une petite quantité de farine de froment, la levure de bière et un peu d'eau. Faites un bon amalgame et laissez reposer pendant environ 2 heures.

2. Ensuite, mélangez sur le plan de travail le reste de farine de froment et celle de soja en y ajoutant la pâte levée, le sel, l'huile et le reste d'eau.

3. Mélangez bien et pétrissez avec énergie afin que la pâte devienne souple et élastique. Pour vérifier le degré de pétrissage et de fermentation, coupez la pâte avec un couteau et contrôlez si elle a l'aspect poreux d'une éponge. Modelez ensuite la pâte comme vous le désirez.

4. Placez le pain sur une plaque huilée et attendez qu'il lève (60 minutes environ) en veillant à le couvrir avec un tissu en laine et à maintenir constante la chaleur de la pièce.

5. Incisez la surface de la miche avant de la passer au four.

6. Enfournez à 200-220 °C pendant 50-60 minutes environ.

PRÉPARATION

40 MINUTES

LEVAGE

1 NUIT

CUISSON

60 MINUTES

PAIN D'ORGE (AZYME)

- *150 g de farine d'orge*
- *330 g de farine de froment de très bonne qualité*
- *4-5 cuillerées à soupe d'huile d'olive vierge extra*
- *1 cuillerée à café de graines de sésame*
- *1 cuillerée à café de sel*
- *eau en quantité suffisante*

1. Toastez la farine d'orge dans un peu d'huile (une cuillerée). Tamisez la farine de froment et disposez-la en fontaine sur le plan de travail. Ajoutez la farine d'orge, le sel, le sésame et l'huile restante. Mouillez la pâte avec de l'eau tiède (30-35 °C environ) en quantité suffisante pour qu'elle devienne souple et légère.

2. Pétrissez la pâte énergiquement pendant 20 minutes environ.

3. Façonnez le pain en forme de miche sur une plaque légèrement huilée, couvrez avec un torchon et laissez-le reposer pendant toute une nuit.

4. Quand la température du four atteint 200 °C, enfournez pendant 60 minutes environ.

PRÉPARATION

45 MINUTES

LEVAGE

1 NUIT
+ 60 MINUTES
+ 20 MINUTES

CUISSON

30 MINUTES POUR LES PETITS PAINS
50 MINUTES POUR LA MICHE

PAIN COMPLET

- *500 g de farine complète*
- *30 cl d'eau tiède*
- *20 g environ de levure*
- *10 g de sel*

1. Faites dissoudre 10 g de levure dans un peu d'eau tiède en y ajoutant une quantité de farine suffisante pour obtenir une pâte assez molle. Couvrez-la et laissez lever pendant une nuit.

2. Disposez sur le plan de travail le reste de farine, la pâte levée et le sel. Mouillez le tout avec de l'eau où vous aurez dissous le reste de levure.

3. Procédez au pétrissage ; vérifiez que la pâte ait la bonne consistance et élasticité, mais surtout veillez à ce qu'elle ne perde pas de chaleur, donc pétrissez la pâte énergiquement jusqu'à ce que de petites bulles fassent surface : cela veut dire que le levage est en cours.

4. Façonnez une miche bien ronde, couvrez-la et laissez lever dans un endroit sec pendant 60 minutes environ.

5. Quand la pâte a doublé de volume, dégonflez-la avec les mains et reprenez le pétrissage pendant quelques minutes encore, jusqu'à ce qu'elle retrouve son élasticité. Ensuite partagez-la comme vous le désirez, de façon à obtenir des petits pains (avec ces doses on peut en obtenir environ 4) ou alors fabriquez une seule miche. Déposez le pain sur une plaque à four garnie d'une feuille d'aluminium saupoudrée de farine. Couvrez le pain et attendez qu'il reprenne le levage (20 minutes environ), ensuite incisez la surface d'une entaille longitudinale ou en croix.

6. Mettez au four à 180 °C pendant environ 30 minutes pour les petits pains, et 50 minutes pour la miche.

VARIANTE

Si vous ne souhaitez pas utiliser uniquement de la farine complète, vous pouvez réduire la dose à 360 g de farine complète en ajoutant 140 g de farine blanche.

PRÉPARATION
20 MINUTES

LEVAGE
20-30 MINUTES

CUISSON
20 MINUTES

PAIN POUR SANDWICH

- *500 g de farine blanche*
- *eau tiède en quantité suffisante*
- *1 cube de levure*
- *4-5 cuillerées à soupe d'huile d'olive vierge extra (ou de beurre fondu)*
- *2 ou 3 œufs pour la pâte et 1 œuf pour badigeonner*
- *10 g de sel*
- *25 g de sucre*

1. Préparez une pâte mollette avec 200 g de farine et le cube de levure dissous dans l'eau tiède.

2. Disposez le reste de farine sur le plan de travail. Dans une terrine battez l'huile ou le beurre fondu, les œufs et le sel. Mélangez bien et versez ce mélange au centre de la fontaine. Ajoutez le sucre dissous dans l'eau en quantité nécessaire.

3. Pétrissez bien la pâte de façon qu'elle devienne souple.

4. Laissez-la reposer pendant 20-30 minutes.

5. Délicatement, façonnez des pâtons de 30-40 g environ, de forme plutôt ronde, et placez-les sur une plaque huilée.

6. Avec un pinceau enduisez-les d'œuf battu, pressez-les légèrement et passez-les dans le four chaud à 200-220 °C pendant 20 minutes environ.

PRÉPARATION	30 MINUTES
LEVAGE	15-20 MINUTES
CUISSON	20 MINUTES

PAIN ROND INDIVIDUEL

- *500 g de farine (type 55)*
- *15 g de levure de bière*
- *30 cl d'eau environ*
- *10 g de sel*

1. Mettez le sel dans un récipient assez grand. Versez un peu d'eau prélevée sur les 30 cl, juste pour dissoudre le sel, puis ajoutez la farine et la levure que l'on aura délayée dans un peu d'eau.

2. Ajoutez le reste d'eau et mélangez du bout des doigts. Selon la qualité de la farine, ajoutez ou non de l'eau.

3. Lorsque les ingrédients seront bien mélangés, mettez la pâte sur le plan de travail fariné et commencez à la pétrir : avec les deux mains, prenez la pâte, soulevez-la légèrement et faites-la retomber sèchement en tirant vers vous un peu de pâte avec les deux mains.

4. Rabattez alors cette pâte en soulevant un peu les mains. Cette opération est importante car elle va permettre de donner de l'élasticité à la pâte et, en même temps, d'emprisonner de l'air. Recommencez cette opération un grand nombre de fois pour que la pâte soit bien pétrie : il faut compter en général entre 8 et 12 minutes. À ce moment, la pâte est lisse, souple et élastique.

5. Couvrez d'un linge sec et laissez lever 15 à 20 minutes. Avant d'enfourner, façonnez 8 petites boules et cuisez-les 20 minutes environ au four à 240 °C (th. 8).

PRÉPARATION

30 MINUTES

LEVAGE

1 NUIT
+ 30 MINUTES
+ 20 MINUTES
+ 20 MINUTES

CUISSON

60 MINUTES

PAIN RUSTIQUE

- *500 g de farine complète non raffinée*
- *35 cl d'eau tiède*
- *20 g de levure de bière*
- *10 g de sel*

1. Prélevez la moitié de la farine et délayez-la dans 20 cl d'eau tiède. Laissez-la reposer pendant toute une nuit.

2. Le lendemain matin, mélangez la levure à la farine restante et ajoutez l'eau tiède. Laissez lever (pendant 30 minutes environ), ensuite ajoutez la farine de la veille et le sel.

3. Pétrissez la pâte énergiquement pendant 15-20 minutes, ensuite couvrez-la et laissez reposer (pendant 20 minutes environ).

4. Quand la pâte aura doublé de volume, elle sera prête à être pétrie.

5. Façonnez les pains en petites formes arrondies et déposez-les sur une plaque déjà huilée. Couvrez les pains et laissez lever à nouveau (pendant 20 minutes environ).

6. Effectuez à la surface des pains une incision transversale et cuisez-les pendant 60 minutes environ dans le four à 200 °C.

PAINS AROMATISÉS

PRÉPARATION
20 MINUTES
LEVAGE
20 MINUTES
CUISSON
30 MINUTES

PETITS PANIERS*

- *400 g de pâte à pain (voir recette du pain ordinaire page 58)*
- *1/2 verre d'huile d'olive*
- *4 œufs (ceux de pintade sont délicieux, mais on peut utiliser ceux de poule aussi)*
- *un peu de farine pour le plan de travail*
- *paillettes colorées ou en chocolat pour la décoration*
- *1 blanc d'œuf pour la décoration*

1. Saupoudrez le plan de travail afin que la pâte n'adhère pas.

2. Prenez la pâte à pain déjà levée, battez-la et formez un trou au milieu duquel vous verserez l'huile.

3. Pétrissez la pâte jusqu'à ce que l'huile soit bien incorporée.

4. Partagez la pâte en quatre parties égales. Prélevez de chaque partie une boule de la taille d'un œuf qui sera la base du panier. Écrasez en forme de panier chaque boulette avec les mains ou avec le rouleau et déposez au centre un œuf avec sa coquille (en prenant soin de bien huiler les parties en contact avec l'œuf). Pétrissez chaque morceau de pâte restante que vous façonnerez en forme de gressin très long (un gressin pour chacune des quatre boules initiales). Divisez chaque gressin en trois parties égales. Enroulez chaque partie sur elle-même en torsade. Décorez chaque panier avec une torsade puis fixez les deux autres en forme de X en guise d'anses du panier.

5. Déposez les petits paniers sur une plaque avec du papier sulfurisé et laissez reposer pendant 20 minutes environ.

6. Afin de donner une coloration plus agréable aux paniers, vous pouvez les badigeonner de blanc d'œuf avant de les mettre au four chauffé à 200 °C pendant 30 minutes environ. Avant de servir, saupoudrez avec les paillettes colorées ou en chocolat.

* Cette recette peut donner une idée originale pour composer un menu le jour de Pâques.

PRÉPARATION
30 MINUTES
LEVAGE
60 MINUTES + 20 MINUTES
CUISSON
30-40 MINUTES

PAIN AU ROMARIN

- *400 g de pâte à pain (voir recette du pain ordinaire page 58)*
- *1 branche de romarin*
- *1-2 cuillerées à soupe environ d'huile d'olive vierge extra*
- *1 cuillerée à soupe de raisins secs gonflés dans de l'eau tiède*
- *un peu d'eau*

1. Prenez la branche de romarin, lavez-la, essuyez-la et séparez les feuilles.

2. Mettez dans une casserole l'huile et le romarin et faites revenir à feu très doux pendant 10 minutes jusqu'à ce que l'huile s'imprègne bien de l'arôme, ensuite filtrez-la avec une passoire.

3. Prenez la pâte à pain déjà levée, mettez-la sur le plan de travail saupoudré de farine et formez un trou dans lequel vous verserez l'huile. Pétrissez la pâte tant que l'huile n'est pas bien absorbée.

4. Façonnez une miche ronde, faites une incision en croix sur la surface et laissez reposer pendant 60 minutes.

5. Ensuite reprenez le pétrissage en ajoutant à la pâte le raisin soigneusement égoutté et essuyé (en laissant éventuellement de côté quelques grains pour la décoration) ; façonnez des petits pains décorés avec des grains de raisin et/ou des feuilles de romarin (celles ayant servi pour aromatiser l'huile) ; écrasez-les légèrement et déposez-les sur une plaque huilée. Pratiquez sur chaque pain une incision centrale et quatre latérales, ensuite laissez-les lever pendant 20 minutes environ.

6. Enfournez-les dans le four déjà chauffé à 200 °C pendant 30-40 minutes environ.

VARIANTE

Il est possible de préparer ce pain sans ajouter de raisins secs, avec le romarin uniquement.

PRÉPARATION

50 MINUTES

LEVAGE

2 HEURES + 60 MINUTES
+ 20-30 MINUTES

CUISSON

40 MINUTES

PAIN À LA COURGE

- *400 g de farine blanche*
- *25 g de levure de bière*
- *30 cl d'eau tiède*
- *150 g de courge*
- *2 cuillerées à soupe d'huile d'olive*
- *20 g de sel*

1. Faites dissoudre la levure dans un peu d'eau tiède, en ajoutant un peu de farine en quantité suffisante pour former une pâte à peine consistante. Couvrez et laissez lever pendant 2 heures environ au chaud.

2. Cuisez la courge à l'eau et contrôlez avec une fourchette. Quand elle commence à s'émietter, égouttez-la et laissez-la tiédir. Préparez la farine en fontaine sur le plan de travail et ajoutez la pâte levée, la courge, l'huile et le sel.

3. Pétrissez en veillant à bien amalgamer le tout.

4. Après un bon pétrissage, couvrez la pâte et laissez reposer jusqu'à ce qu'elle double de volume (60 minutes environ).

5. Pétrissez à nouveau délicatement pour ne pas interrompre le levage puis formez deux petites miches. Déposez-les sur une plaque huilée, couvrez-les et laissez reposer pendant 20-30 minutes avant de les passer au four.

6. Faites cuire les miches pendant 40 minutes environ à 190 °C.

PRÉPARATION
30 MINUTES
LEVAGE
30 MINUTES
+ 20 MINUTES
CUISSON
60 MINUTES

PAIN AUX CÉRÉALES

POUR UN PAIN DE PLUS DE 1 KG

- *800 g de farine brune neuf céréales*
- *20 g de levure de bière*
- *1 cuillerée à soupe de miel liquide*
- *1 poignée de noix, noisettes, raisins secs et sésame*
- *1 peu de cannelle*
- *40 cl d'eau tiède*
- *4 g de sucre*
- *4 g de sel*

1. Mélangez dans un plat la farine, le sucre, le sel et la cannelle.

2. Délayez la levure dans l'eau tiède et incorporez-la à la farine.

3. Ajoutez le miel et le mélange de noix, noisettes, raisins et sésame. Pétrissez le tout (la pâte ne doit plus coller) et laissez reposer 30 minutes à l'abri des courants d'air et au chaud.

4. Retravaillez la pâte. Laissez reposer pendant 20 minutes encore.

5. Faites cuire le pain 60 minutes environ à four chaud.

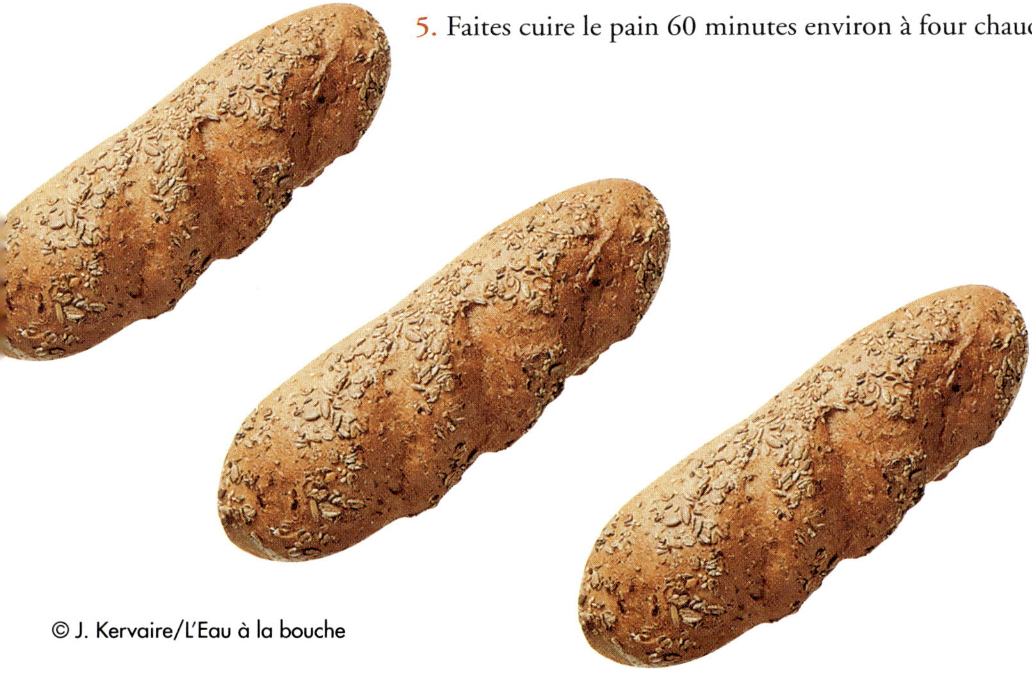

PRÉPARATION

60 MINUTES

LEVAGE

1 NUIT
+ 60 MINUTES
+ 20 MINUTES

CUISSON

50-60 MINUTES

PAIN AUX GRAINES DE LIN

- *150 g de farine de froment*
- *15-20 g de levure de bière*
- *eau en quantité suffisante*
- *300 g de farine de seigle*
- *10 g de graines de lin concassées*
- *sel en quantité suffisante*

1. Faites dissoudre la moitié de la levure dans un peu d'eau tiède, en ajoutant un peu de farine de froment en quantité suffisante pour former une pâte mollette.
Faites la préparation le soir et laissez reposer pendant la nuit entière.

2. Le matin suivant, mélangez les farines (le reste de farine de froment et celle de seigle) sur le plan de travail, ajoutez les graines de lin, le sel, la pâte mollette levée et la levure restante dissoute dans un peu d'eau chaude.

3. Pétrissez énergiquement jusqu'à ce que la pâte prenne l'aspect d'une éponge.

4. Façonnez une boule, couvrez-la et laissez-la lever au chaud pendant 60 minutes environ.

5. Dégonflez la pâte à l'aide des doigts et recommencez à pétrir pendant quelques minutes ; façonnez donc une miche que vous déposerez sur une plaque huilée. Laissez lever pendant 20 minutes.

6. Faites une ou plusieurs incisions sur la surface et laissez cuire pendant 60 minutes environ dans le four à 200 °C.

VARIANTE

Avec la même recette on peut préparer du pain aromatisé aux graines de coriandre, sésame, cumin, soja, etc. (on peut mélanger les graines ou en choisir d'un seul type) ; il suffira de remplacer les graines de lin. Si l'on choisit d'utiliser des graines mélangées, il faut considérer que la quantité totale doit peser 10 g.

PRÉPARATION

60 MINUTES

LEVAGE

60 MINUTES
+ 30 MINUTES

CUISSON

60 MINUTES

PAIN AU FROMAGE

- *500 g de farine blanche*
- *25 g de levure de bière*
- *eau en quantité suffisante*
- *260 g de fromage corse de brebis râpé*
- *70 g de beurre ou saindoux*
- *3 jaunes d'œufs*
- *1 noix muscade râpée*
- *sel et poivre*

1. Préparez une pâte mollette avec la levure, un peu de farine et de l'eau tiède à 35 °C environ.

2. Mettez la pâte mollette sur le plan de travail et ajoutez le reste de farine, le fromage, le beurre, la noix muscade, les jaunes d'œufs, le sel et le poivre.

3. Pétrissez énergiquement pendant 20 minutes environ. Quand la pâte devient souple et élastique, ramassez-la en boule, couvrez-la avec un torchon et laissez-la reposer pendant 60 minutes environ.

4. Pétrissez encore un peu et déposez la miche sur une plaque à peine huilée.
Laissez lever encore pendant 30 minutes et incisez la surface avant de passer la miche au four.

5. Mettez-la au four chauffé à 180 °C pendant 60 minutes environ.

Préparation

60 minutes

Levage

2-3 heures
+ 60 minutes
+ 20 minutes

Cuisson

60 minutes

PAIN À LA BIÈRE

- *500 g de farines blanches 45 et 55*
- *20 g de levure de bière*
- *2 cuillerées à soupe d'huile d'olive*
- *10 g environ de sel*
- *30 cl environ de bière blonde*
- *40 g de miel*

1. Faites dissoudre la levure dans les farines, couvrez et laissez reposer pendant 2-3 heures.

2. Mettez les farines levées sur le plan de travail, ajoutez l'huile, le sel, et mouillez le tout avec la bière dans laquelle vous aurez déjà dissous le miel.

3. Pétrissez soigneusement pendant 20 minutes environ.

4. Couvrez la pâte en forme de boule et laissez reposer pendant 60 minutes environ.

5. Lorsqu'elle aura doublé de volume, pétrissez-la encore pendant quelques minutes. Façonnez une miche et déposez-la sur une plaque huilée ou tapissée de papier sulfurisé. Laissez lever pendant 20 minutes.

6. Faites une ou plusieurs incisions sur la surface et laissez cuire pendant 60 minutes environ dans le four à 200 °C.

PRÉPARATION

30 MINUTES

LEVAGE

60 MINUTES
+ 20 MINUTES

CUISSON

60 MINUTES POUR LA MICHE
30 MINUTES POUR LES PETITS PAINS

PAIN À LA SAUGE

- *500 g de pâte à pain déjà levée (voir recette du pain ordinaire page 58)*
- *1 cuillerée à soupe d'huile d'olive*
- *1 bouquet de sauge fraîche*
- *1 pincée de paprika doux*

1. Dans une casserole, faites revenir dans l'huile pendant 10 minutes la sauge bien découpée (préalablement lavée et essuyée) avec la pincée de paprika.

2. Prenez la pâte à pain, mettez-la sur le plan de travail saupoudré de farine et formez un trou dans lequel vous verserez l'huile aromatisée. Gardez une petite quantité pour la décoration finale de la surface du pain.

3. Pétrissez la pâte avec l'huile ; quand la pâte est suffisamment souple, couvrez-la avec un tissu en laine et laissez-la lever pendant 60 minutes environ.

4. Pétrissez encore la pâte et façonnez-la en une miche ronde ou en petits pains de la forme que vous préférez. Faites des incisions transversales sur la surface, et laissez reprendre le levage pendant 20 minutes.

5. Enduisez le pain d'huile aromatisée et enfournez à 200 °C pendant 60 minutes pour la miche, ou 30 minutes pour les petits pains.

PRÉPARATION
45 MINUTES

LEVAGE
2 HEURES
+ 60 MINUTES

CUISSON
30 MINUTES

PAIN AU SAFRAN

- *500 g de farine*
- *1 cube de levure de bière (25 g)*
- *un peu d'eau tiède*
- *1 jaune d'œuf*
- *1 sachet de safran*
- *1 petit verre de liqueur*
- *100 g de beurre*
- *150 g de sucre*
- *sel en quantité suffisante*
- *1 tasse de lait*
- *1 œuf entier*
- *50 g d'amandes douces pelées et concassées*

1. Faites dissoudre la levure dans un peu d'eau chaude, ajoutez une poignée de farine et laissez lever pendant environ 2 heures.

2. Préparez en fontaine le reste de farine sur le plan de travail en y ajoutant la pâte levée, le jaune d'œuf et la poudre de safran dissoute dans la liqueur.
Dans une terrine, mélangez bien le beurre fondu et 120 g de sucre, ajoutez une pincée de sel et 1/2 tasse de lait chaud. Ajoutez le tout à la farine et continuez à pétrir en ajoutant le reste de lait jusqu'à l'obtention d'une pâte bien souple.

3. Pétrissez bien et formez une miche que vous laisserez lever, couverte au chaud pendant 60 minutes environ.

4. Reprenez le pétrissage. Façonnez un rouleau de pâte bien allongé et partagez-le en trois parties. Faites une tresse avec les trois parties et déposez-la sur une plaque enduite de beurre. Couvrez et laissez lever dans un endroit chaud pendant 30 minutes environ.

5. Passez l'œuf battu sur la surface à l'aide d'un pinceau. Décorez avec le reste de sucre et les amandes.
Mettez au four préalablement chauffé à 180 °C pendant 30 minutes environ.

PRÉPARATION
60 MINUTES

LEVAGE
1 NUIT
+ 60 MINUTES
+ 20 MINUTES

CUISSON
45 MINUTES

PAIN AU MIEL

- *500 g de farine blanche*
- *25 g de levure de bière*
- *eau en quantité suffisante*
- *25-30 cl de lait entier*
- *3-4 cuillerées à soupe de miel*
- *huile d'olive en quantité suffisante*
- *sel en quantité suffisante*

1. Le soir précédant le jour où vous désirez avoir le pain, mélangez 1/2 dose de levure, un peu de farine de la quantité initiale et de l'eau tiède en quantité suffisante pour bien mélanger ; couvrez et laissez lever toute la nuit.

2. Le matin suivant, faites dissoudre la 1/2 dose restante de levure dans le lait tiède ; mettez le reste de farine sur le plan de travail et ajoutez la pâte mollette levée, le miel, l'huile et le sel, en mouillant avec le lait contenant la levure dissoute.

3. Mélangez bien les ingrédients et pétrissez pendant 20 minutes environ.

4. Ramassez la pâte et laissez-la couverte avec un tissu en laine pendant 60 minutes environ.

5. Mélangez brièvement la pâte et formez trois petits pains ; laissez-les lever, couverts, pendant 20 minutes environ.

6. Faites-les cuire au four pendant 45 minutes environ à 200 °C.

PRÉPARATION

30 MINUTES

LEVAGE

2 HEURES
+ 60 MINUTES
+ 20 MINUTES

CUISSON

40 MINUTES

PAIN AU SÉSAME 1

- *250 g de farine 45 ou 55*
- *10-15 g de levure naturelle ou*
  2 cuillerées à café pleines de levure en poudre
- *1/2 tasse d'eau chaude (30-35 °C)*
- *1 cuillerée à café de miel*
- *2 œufs entiers*
- *2 cuillerées à soupe d'huile*
- *1 jaune d'œuf*
- *sel en quantité suffisante*
- *2 cuillerées à soupe de graines de sésame toastées*

1. Dissoudre la levure et le miel dans une terrine avec l'eau chaude, en ajoutant un peu de farine, et laissez reposer la pâte obtenue pendant 2 heures environ afin que la levure entre en fermentation.

2. Ajoutez, dans la même terrine, avec la pâte, les œufs entiers battus, l'huile, le sel et 150 g de farine. Mélangez pour former un bon amalgame. Préparez sur le plan de travail le reste de farine en fontaine et versez au milieu le mélange obtenu dans la terrine.

3. Pétrissez uniformément la pâte pendant 20 minutes environ, afin qu'elle devienne souple et élastique.

4. Formez une miche, couvrez-la avec un torchon et laissez-la reposer pendant 60 minutes environ.

5. Ensuite, recommencez à pétrir la pâte et séparez-la en trois parties. Façonnez trois pains en forme de bâtons que vous tresserez.

6. Battez rapidement le jaune d'œuf et une cuillerée à café d'eau. Placez le pain sur une plaque enduite de beurre et passez le jaune d'œuf à l'aide d'un pinceau sur le dessus, ensuite répartissez les graines de sésame. Couvrez la préparation avec une serviette et laissez reposer encore 20 minutes environ.

7. Faites cuire le pain à four chaud pendant 40 minutes environ à 200 °C, jusqu'à ce qu'il soit doré.

PRÉPARATION

30 MINUTES

LEVAGE

15 MINUTES
+ 60 MINUTES
+ 60 MINUTES

CUISSON

45 MINUTES

PAIN AU SÉSAME 2

POUR 8 PERSONNES

- *500 g de farine*
- *15 g de levure fraîche ou*
  1 sachet de levure de bière déshydratée
- *5 cuillerées à soupe de graines de sésame grillées*
- *1 cuillerée à soupe de lait*
- *40 cl d'eau tiède environ*
- *1 cuillerée à café de sucre en poudre*
- *1 cuillerée à café (bombée) de sel*

1. Délayez la levure dans 25 cl d'eau tiède (pour de la levure déshydratée, 2 cuillerées à soupe d'eau suffisent), laissez reposer 15 minutes, puis mélangez au reste d'eau.

2. Dans un grand saladier, mélangez la farine, le sucre et le sel. Incorporez le mélange eau-levure. Travaillez la pâte pendant 5 minutes au robot pétrisseur (ou 10 minutes à la main sur un plan de travail fariné).

3. Incorporez 3 cuillerées à soupe de graines de sésame. Mettez la pâte dans le saladier. Couvrez d'un film plastique ou d'un linge. Laissez reposer à température ambiante jusqu'à ce que la pâte ait doublé de volume (environ 1 heure dans une pièce bien chauffée).

4. Beurrez un moule à cake de 30 cm. Pétrissez à nouveau la pâte pendant 2 minutes. Mettez-la dans le moule et couvrez-la d'un film plastique huilé. Laissez reposer à nouveau jusqu'à ce que la pâte ait doublé de volume.

5. Préchauffez le four à 200 °C (th. 6). Avec un pinceau de cuisine, badigeonnez le pain de lait. Saupoudrez de 2 cuillerées à soupe de graines de sésame. Faites cuire pendant 45 minutes environ jusqu'à ce que le pain soit doré. Démoulez et laissez refroidir sur une grille.

PRÉPARATION
60 MINUTES
LEVAGE
60 MINUTES
+ 60 MINUTES
+ 60 MINUTES
CUISSON
20-30 MINUTES

PAIN AU VIN*

- *500 g de farine blanche*
- *15 g de levure de bière*
- *eau en quantité suffisante*
- *35 cl de vin blanc sec*
- *50 g de beurre*
- *1 cuillerée à café de sel*

1. Préparez une pâte mollette avec un peu de farine, de l'eau et de la levure. Couvrez et attendez qu'elle double de volume (60 minutes environ).

2. Mettez sur le plan de travail le reste de farine en fontaine, ajoutez le beurre fondu, le sel, la pâte mollette et mouillez avec le vin blanc.

3. Pétrissez énergiquement jusqu'à l'apparition des petites bulles caractéristiques à la surface.

4. Façonnez une miche, couvrez-la avec un torchon et un tissu en laine et laissez reposer pendant 60 minutes environ.

5. Recommencez à pétrir, façonnez la pâte en formant de petits cylindres réguliers et coupez de nouveau afin d'obtenir de tout petits pains que vous modèlerez comme vous le désirez (nœuds, tresses, etc.).

6. Couvrez les petits pains et attendez qu'ils recommencent à lever (60 minutes environ). Saupoudrez la surface de grains de sel et faites-les cuire au four à 190 °C pendant 20-30 minutes.

* Vous pouvez utiliser cette recette pour faire des mini-pains fourrés, que vous pouvez servir en apéritif ou pour donner une touche de créativité à vos repas.

PRÉPARATION

60 MINUTES

LEVAGE

2-3 HEURES
+ 60 MINUTES

CUISSON

60 MINUTES

PAIN AUX LARDONS

- *450 g de pâte à pain levée (voir recette du pain ordinaire page 58)*
- *lardons*
- *50 g de farine jaune*
- *1 cuillerée à café de sel*
- *vin blanc (facultatif)*

1. Prenez la pâte à pain et laissez-la lever encore 2-3 heures, jusqu'à ce qu'elle double de volume.

2. Coupez finement les lardons et faites-les revenir à feu doux afin que la graisse fonde. Pour vérifier le degré de cuisson, immergez une petite tranche de pain dans la graisse, elle doit devenir dorée.

3. Quand la graisse est complètement fondue, mettez les petits lardons dans une passoire et écrasez-les afin d'éliminer tout liquide. Réservez-les dans un bol ; c'est à ce moment que vous pouvez ajouter, si vous le désirez, du vin blanc pour leur donner plus de goût.

4. Mettez la farine jaune sur le plan de travail en fontaine et placez au milieu la pâte levée, le sel et une bonne poignée de lardons.

5. Pétrissez afin d'obtenir une pâte souple et uniforme.

6. Laissez lever pendant 60 minutes environ.

7. Façonnez une miche un peu écrasée.

8. Faites-la cuire pendant 60 minutes environ à température moyenne.

PRÉPARATION

60 MINUTES

LEVAGE

2-3 HEURES
+ 60 MINUTES
+ 60 MINUTES

CUISSON

30-40 MINUTES

PAIN AUX NOIX

- *350 g de farine de froment*
- *20-25 g de levure de bière*
- *15 cl de lait tiède*
- *150 g de miel*
- *2 œufs entiers*
- *1 cuillerée à café de sel*
- *200 g de cerneaux de noix*

1. Faites dissoudre la levure dans un peu de lait tiède et ajoutez la farine en quantité nécessaire pour former une pâte mollette. Couvrez et laissez lever jusqu'à ce qu'elle double de volume (2-3 heures).

2. Mettez la farine restante en fontaine sur le plan de travail ainsi que le miel, les œufs et le sel, en y ajoutant la pâte mollette.

3. Cassez les cerneaux dans un mortier en marbre ou passez-les au mixeur et ajoutez-les à la pâte obtenue sur le plan de travail. Pétrissez longtemps la pâte en y ajoutant petit à petit le lait restant.

4. Laissez lever la pâte couverte avec un tissu en laine, pendant environ 60 minutes.

5. Ensuite, pétrissez à nouveau la pâte pour qu'elle redevienne souple et élastique. Façonnez des pains, pas trop petits, pratiquez une incision en surface et déposez-les sur une plaque huilée : attendez qu'ils recommencent à lever (20 minutes environ).

6. Faites-les cuire à 200 °C pendant 30-40 minutes environ.

PRÉPARATION
30 MINUTES
LEVAGE
20 MINUTES
CUISSON
30-40 MINUTES

PAIN AUX OLIVES

- *500 g de pâte à pain*
  (voir recette du pain ordinaire page 58)
- *200 g d'olives noires*
- *1 cuillerée à soupe de câpres*

1. Dénoyautez les olives et coupez-les.

2. Pétrissez rapidement la pâte à pain et étirez-la avec un rouleau. Formez une feuille épaisse d'un centimètre environ, plutôt ovale. Couvrez-la avec les olives et les câpres finement coupées.

3. Roulez la pâte et déposez-la sur une plaque huilée. Laissez-la reposer pendant 20 minutes environ.

4. Passez-la au four préchauffé à 180-200 °C pendant 30-40 minutes environ.

PRÉPARATION
60 MINUTES

LEVAGE
2 HEURES
+ 60 MINUTES

CUISSON
60 MINUTES

PAIN AUX POMMES DE TERRE

- *300 g de farine blanche*
- *150 g de pommes de terre*
- *15 g de levure de bière*
- *20 cl d'eau*
- *7-8 cl de lait*
- *15 g d'huile d'olive*
- *1 bonne cuillerée à café de sel*
- *1 œuf entier*

1. Prenez une terrine à bords hauts, versez-y l'eau tiède (30 °C) et émiettez la levure. Ajoutez un peu de farine prélevée de la quantité initiale et mélangez pour obtenir une pâte assez molle. Couvrez la terrine avec un torchon et attendez que la pâte lève dans un endroit tiède, pendant 2 heures.

2. Entre-temps faites cuire à la vapeur les pommes de terre et passez-les au tamis. Mettez-les dans une terrine assez grande et ajoutez de l'eau et environ la moitié du lait afin d'obtenir une pâte crémeuse. Laissez tiédir.

3. Mettez le reste de farine en fontaine sur le plan de travail et ajoutez au centre la crème de pommes de terre, la pâte mollette levée, le reste de lait, l'huile et le sel ; pensez à garder un peu d'huile pour la phase finale de la préparation.

4. Pétrissez longtemps afin d'obtenir une pâte bien homogène et souple. Ramassez-la pour former une miche unique et déposez-la dans un moule rectangulaire aux bords élevés que vous aurez précédemment enduit de beurre.

5. Placez le moule dans un endroit tiède et laissez lever la préparation pendant 60 minutes environ. Quand la pâte aura doublé de volume préparez un mélange d'œuf, huile et eau, pour couvrir la surface du pain avant de passer à la cuisson.

6. Mettez à cuire au four préchauffé à 200 °C pendant 60 minutes environ.

PRÉPARATION
60 MINUTES
LEVAGE
1 NUIT
+ 60 MINUTES
CUISSON
90 MINUTES

PAIN AUX ÉPICES

- *500 g de farine de seigle*
- *1 poignée de farine blanche*
- *30 cl environ d'eau tiède (30-35 °C)*
- *20 g de levure de bière*
- *1 cuillerée à café de sel*
- *1 cuillerée à café de graines de cumin*
- *1 cuillerée à café de graines de fenouil*
- *1 cuillerée à café de coriandre*

1. Le soir précédant le jour où vous désirez manger le pain, délayez la moitié de la dose de levure dans un peu d'eau tiède et ajoutez une poignée de farine blanche. Mélangez la pâte qui doit rester assez molle, couvrez-la avec un torchon et laissez reposer pendant la nuit entière.

2. Le matin suivant, préparez sur le plan de travail la farine de seigle en fontaine, avec au centre le reste de levure, le sel, les graines de cumin, de coriandre et de fenouil et la pâte levée ; mouillez le tout avec une bonne quantité d'eau tiède à 35 °C environ.

3. Pétrissez énergiquement pendant 20-30 minutes environ, ensuite couvrez la pâte avec un torchon et un tissu chaud, si possible en laine, en la laissant lever pendant 60 minutes environ dans un endroit tiède.

4. Ensuite, pétrissez encore la pâte afin de la rendre élastique et façonnez le pain comme vous le désirez. Avant de passer le pain au four, pensez à faire sur la surface une ou plusieurs incisions afin qu'il ne se déchire pas pendant la cuisson.

5. Mettez à cuire pendant 90 minutes environ à 200-220 °C, en contrôlant souvent la cuisson.

LA CORIANDRE

Plante herbacée, originaire de la partie orientale de la Méditerranée ; elle possède des qualités aromatiques et médicinales. Les petits fruits, qui sont souvent pris pour des graines, donnent une épice très appréciée dans la cuisine indienne. Cette plante s'utilise aussi en pâtisserie et dans la production de liqueurs.

RECETTES ÉTRANGÈRES

PRÉPARATION

40 MINUTES

LEVAGE

3-4 HEURES
+ 60 MINUTES

CUISSON

15 MINUTES POUR CHAQUE PIÈCE

PAPIER À MUSIQUE*

- *500 g de farine de blé dur*
- *25 cl d'eau*
- *5-10 g de levure*
- *1 cuillerée à café de gros sel*

1. Faites dissoudre la levure dans un peu d'eau prélevée de la quantité prévue.

2. Préparez la farine sur le plan de travail, ajoutez la levure dissoute et le reste d'eau où le sel aura été dissous au préalable.

3. Pétrissez bien la pâte qui devra devenir très molle.

4. Partagez la pâte en trois parties égales de forme ronde mesurant environ 8 cm de diamètre. Couvrez ces « petites boules » avec un torchon et laissez-les reposer pendant 3-4 heures dans un endroit tiède.

5. Prenez le rouleau et abaissez chaque boule en une feuille de 40 cm de diamètre et de 2 à 3 mm d'épaisseur.

6. Disposez chaque feuille sur une plaque et enfournez-les une par une à 250 °C pendant 15 minutes environ. Quand la feuille est bien gonflée, sortez-la rapidement et coupez-la dans le sens de l'épaisseur, de façon à obtenir deux feuilles. Une fois cette opération terminée, éliminez la mie et passez à nouveau chaque feuille au four jusqu'à ce qu'elle devienne croustillante.

* Ce pain est typique de la Sardaigne.

PRÉPARATION

30 MINUTES

LEVAGE

CETTE RECETTE NE PRÉVOIT PAS DE LEVAGE

CUISSON

5 MINUTES POUR CHAQUE PAIN

CHAPATI

- *350 g de farine de froment*
- *20 cl environ d'eau tiède*
- *1 cuillerée à café de sel*

1. Préparez la farine en fontaine sur le plan de travail, ajoutez le sel et mouillez abondamment avec de l'eau tiède.

2. Pétrissez la pâte pendant 10 minutes afin de former une pâte souple et consis-tante à la fois.

3. Partagez la pâte en portions de la taille de votre poing et abaissez-les pour qu'elles forment des feuilles de forme ronde.

4. Faites chauffer une poêle en fer bien sèche et déposez-y une feuille à la fois, en veillant à la retourner souvent. Après 3 minutes environ, enlevez la pâte de la poêle et passez-la sur la flamme pendant 2 minutes environ.

PRÉPARATION
60 MINUTES
LEVAGE
2-3 HEURES
+ 60 MINUTES
+ 20 MINUTES
CUISSON
60 MINUTES

PAIN AU CUMIN

- *500 g de farine blanche*
- *15 g de levure de bière*
- *25-30 cl environ d'eau*
- *10 g de sel*
- *1 bonne cuillerée à soupe de graines de cumin*
- *1 blanc d'œuf*
- *1-2 cuillerées à soupe d'huile*

1. Préparez une pâte mollette en faisant dissoudre dans l'eau et dans 100 g de farine la levure émiettée ; couvrez et laissez lever pendant 2-3 heures.

2. Préparez le reste de farine en fontaine sur le plan de travail, ajoutez le sel, la pâte mollette, la moitié des graines de cumin, et faites une pâte.

3. Pétrissez la pâte en ayant soin de la retourner souvent.

4. Ramassez la pâte en forme de boule, couvrez et laissez reposer pendant 60 minutes.

5. Mélangez le blanc de l'œuf, l'huile et les graines restantes. Modelez la pâte en forme de miche. Déposez la miche sur une plaque huilée ou couverte de papier sulfurisé, et attendez que le levage recommence (20 minutes).

6. Enfournez à 200 °C pendant 60 minutes environ. À mi-cuisson, sortez le pain du four et badigeonnez le dessus de l'émulsion précédemment préparée.

LE CUMIN

Plante herbacée d'origine asiatique. Cette plante aromatique pousse spontanément dans la région méditerranéenne. Elle possède des vertus médicinales et ses fruits sont utilisés dans l'art culinaire et pour la préparation d'une liqueur : le kümmel. Ses graines sont utilisées pour aromatiser les pains de grand et petit format ; dans ce cas elles peuvent être moulues et mélangées à la pâte ou être parsemées sur le dessus. Ces graines servent également à la décoration du pain de seigle et du pain complet. Il s'agit d'une épice particulièrement appréciée dans les pays d'Europe centrale.

PRÉPARATION
15-20 MINUTES

LEVAGE
60 MINUTES
+ 30 MINUTES

CUISSON
QUELQUES MINUTES

PAIN ARABE

- *500 g de farine de froment 45*
- *10 g de levure de bière*
- *30 cl d'eau*
- *1 bonne cuillerée à café de sel*
- *1 bonne cuillerée à café de sucre (ou malt)*

1. Disposez tous les ingrédients sur le plan de travail. Vous pouvez utiliser le malt à la place du sucre.

2. Mélangez le tout et pétrissez la pâte pendant 10 minutes environ.

3. Couvrez et laissez reposer pendant 60 minutes environ.

4. Ensuite, partagez la pâte en trois parties ; abaissez chaque partie au rouleau jusqu'à obtenir une pâte fine d'un diamètre de 30 cm. Couvrez chaque feuille et laissez-la reposer pendant 30 minutes avant de la passer au four.

5. Mettez au four à 250 °C et contrôlez de près la cuisson car ces feuilles cuisent en quelques minutes.

VARIANTE

Le pain arabe peut être également fabriqué avec une autre méthode qui consiste à laisser reposer la pâte bien pétrie pendant 20 minutes, puis à la partager en portions de 70-80 g et à la laisser reposer encore 20 minutes. Ensuite, les pâtons sont abaissés à quelques millimètres d'épaisseur et doivent encore reposer pendant 20 minutes.

PRÉPARATION
60 MINUTES
LEVAGE
2-3 HEURES
+ 60 MINUTES
+ 20 MINUTES
CUISSON
45-50 MINUTES

PAIN AUTRICHIEN

- *250 g de farine de froment*
- *250 g de farine de seigle*
- *25 g de levure de bière*
- *15 cl environ d'eau tiède*
- *30 g de saindoux (ou margarine)*
- *20 cl de lait entier*
- *1 cuillerée à café de sel*

1. Dans une terrine préparez une pâte en utilisant la levure, 100 g de farine de froment et 8 cl d'eau tiède à 35 °C.
Si vous avez des doutes sur la consistance de la pâte, sachez qu'il est préférable qu'elle soit plutôt molle afin d'assurer un levage correct.
Couvrez la terrine et laissez reposer pendant environ 2 heures à température ambiante.

2. Préparez sur le plan de travail le reste de farine de froment et celle de seigle mélangées et disposez-les en fontaine.
Ajoutez ensuite le sel, le saindoux, le lait et le reste d'eau. Souvenez-vous que la quantité d'eau est donnée à titre indicatif et c'est votre toucher et l'expérience qui détermineront la quantité exacte.

3. Avant de passer au pétrissage des ingrédients, contrôlez la température ambiante qui doit être plutôt élevée : de 24 à 27 °C.
Commencez à pétrir les ingrédients, ajoutez ensuite la pâte levée et continuez encore à pétrir pendant 20 minutes environ.

4. Ramassez la pâte, couvrez-la avec un torchon et un tissu en laine et laissez lever pendant 60 minutes environ.

5. Reprenez la pâte et tapotez-la pour la dégonfler ; après 5-10 minutes, façonnez des petits pains.
Disposez-les sur une plaque huilée ou couverte de papier sulfurisé et laissez reprendre le levage, à couvert (20 minutes).

6. Avant d'enfourner, faites une ou plusieurs incisions sur la surface des pains et laissez-les cuire pendant 45-50 minutes environ dans le four à 200 °C.

PRÉPARATION
60 MINUTES

LEVAGE
1 NUIT
+ 60 MINUTES
+ 30 MINUTES

CUISSON
40 MINUTES

PAIN DE VIRGINIE*

- *500 g de farine blanche*
- *25 g de levure de bière*
- *eau chaude en quantité suffisante*
- *25 cl de lait chaud*
- *1/2 cuillerée à café de sel*

1. Faites dissoudre la levure dans un peu d'eau chaude en y ajoutant un peu de farine, jusqu'à l'obtention d'une pâte plutôt molle et élastique que vous laisserez reposer pendant une nuit.

2. Préparez la farine restante en fontaine sur le plan de travail, ajoutez la pâte avec la levure et mouillez le tout avec le lait chaud où vous aurez préalablement dissous le sel. Si nécessaire, ajoutez de l'eau chaude afin d'obtenir une pâte solide et élastique.

3. Pétrissez longuement en prenant soin de bien faire pénétrer tous les ingrédients. Ramassez la pâte pour former une boule.

4. Laissez lever pendant environ 60 minutes la pâte recouverte d'une serviette, afin qu'elle double de volume.

5. Pétrissez la pâte encore 10 minutes, et façonnez des petits pains ronds de petite dimension. Mettez-les sur une plaque beurrée et couvrez-les. Laissez reposer jusqu'à ce que les pains lèvent (30 minutes environ).

6. Passez les pains au four à 190 °C pendant 40 minutes.

* Les petits pains de Virginie peuvent être servis encore tièdes pour accompagner le petit déjeuner, ou froids et fourrés.

PRÉPARATION

60 MINUTES

LEVAGE

CETTE RECETTE NE PRÉVOIT PAS DE LEVAGE

CUISSON

3 HEURES
+ 15-20 MINUTES

PAIN DE NEW YORK

- *120 g de farine blanche 45*
- *120 g de farine de maïs*
- *120 g de farine de sarrasin*
- *12 cl de lait chaud*
- *12 cl d'eau tiède*
- *80 g de mélasse (ou 40 g de miel, ou 50 g de sucre)*
- *1/2 cuillerée à café de sel*
- *1/2 sachet de levure pour gâteau*

1. Faites dissoudre la levure dans l'eau tiède.

2. Mélangez et disposez en fontaine sur le plan de travail les différentes farines tamisées et le sel. Ajoutez, tout en pétrissant, le lait chaud où vous aurez préalablement dissous la mélasse. Ajoutez l'eau tiède avec la levure dissoute.

3. Pétrissez pendant 15 à 20 minutes environ.

4. Prenez un plat à bords élevés et à fermeture hermétique, enduit de beurre, et versez-y la pâte. Veillez à ce que la pâte ne dépasse pas les 3/4 du plat ; en cas contraire éliminez la pâte en excès avant de fermer le plat.

5. Mettez le plat dans un récipient plus large contenant de l'eau et laissez cuire pendant 3 heures. Prenez ensuite le plat avec la pâte et passez-le au four à 180° C pendant 15 à 20 minutes. Avant de servir, démoulez le pain sur une grande assiette.

PRÉPARATION

30 MINUTES

LEVAGE

+ 60 MINUTES
+ 30 MINUTES

CUISSON

20-30 MINUTES

PAIN GREC

- *500 g de pâte à pain (voir recette du pain ordinaire page 58)*
- *1 cuillerée d'huile d'olive*
- *un peu de farine pour saupoudrer les torchons*

1. Battez la pâte à pain de façon à la dégonfler, pétrissez-la un peu et formez-y un trou où vous verserez l'huile.

2. Pétrissez de façon à incorporer l'huile de manière uniforme.

3. Laissez reposer pendant 60 minutes environ.

4. Prenez la pâte, formez des petites miches de la taille d'un œuf, écrasez-les de manière à obtenir des pains d'un demi-centimètre d'épaisseur. Disposez les petits pains entre deux torchons saupoudrés de farine et laissez reposer pendant 30 minutes.

5. Passez les pains au four à 200-220° C pendant 20 à 30 minutes.

PRÉPARATION
45 MINUTES

LEVAGE
AU MOINS 2 HEURES
+ 60 MINUTES

CUISSON
40 MINUTES

PAIN IRLANDAIS

- *250 g de farine blanche 45*
- *250 g de farine jaune finement moulue*
- *20 g de levure de bière*
- *25-30 cl de lait*
- *2 bonnes cuillerées à café de sel*

1. Dans une terrine, mélangez 50 g de farine blanche et la levure de bière dissoute dans un peu de lait tiède (30-35 °C). Après un bref pétrissage, façonnez un pâton plutôt souple que vous laisserez pendant quelques heures (pas moins de deux) dans un endroit bien chauffé afin qu'il double de volume et devienne très mou.

2. Disposez le reste de farine blanche en fontaine sur le plan de travail, ainsi que la farine jaune, et ajoutez le sel. Posez au milieu le pâton levé et attendez quelques instants, le temps de faire chauffer le reste de lait.

3. Pétrissez en ajoutant un peu de lait à la fois, jusqu'à l'obtention d'une bonne consistance. La quantité de liquide varie selon les propriétés d'absorption des farines.

4. Après 15-20 minutes de pétrissage, la pâte présentera à la surface les « petites bulles » d'anhydride carbonique caractéristiques de la fermentation : la pâte est donc prête.

5. Façonnez une miche, couvrez-la avec un tissu en laine et laissez-la lever pendant 60 minutes.

6. Ensuite reprenez le pétrissage et donnez à la pâte une forme ronde et légèrement écrasée. Déposez-la sur une plaque enduite de beurre et saupoudrée de farine.

7. Faites avec un couteau une croix sur la surface de la miche et mettez-la au four à 200 °C pendant environ 40 minutes.

PRÉPARATION
45 MINUTES
LEVAGE
60 MINUTES
CUISSON
35 MINUTES

PAIN IRLANDAIS AU LAIT

- *450 g de farine blanche*
- *20 g de levure de bière*
- *un peu d'eau*
- *1 cuillerée à café de sel*
- *70 g de beurre fondu*
- *20 cl de lait tiède*

1. Prélevez un peu de farine blanche de la quantité indiquée et, avec un peu d'eau, faites dissoudre la levure.

2. Disposez le reste de farine blanche en fontaine sur le plan de travail, avec le sel et la levure dissoute.

3. Faites fondre le beurre dans une petite casserole à feu très doux. Versez-le au milieu de la fontaine et ajoutez le lait tiède (30 °C).

4. Pétrissez en faisant bien pénétrer les ingrédients, ensuite façonnez une boule.

5. Laissez-la reposer pendant 60 minutes.

6. Ensuite, reprenez le pétrissage, façonnez 2 ou 3 miches et donnez-leur une forme ronde et légèrement écrasée. Faites avec un couteau une croix sur le dessus.

7. Déposez les miches sur une plaque légèrement huilée et laissez-les cuire à 200 °C pendant environ 35 minutes.

PRÉPARATION

60 MINUTES

LEVAGE

2 HEURES
+ 1 NUIT
+ 60 MINUTES
+ 5-10 MINUTES

CUISSON

40 MINUTES

PAIN « OLD AMERICA »

- *1 kg de farine blanche*
- *40 g de levure naturelle « de bière »*
- *1 verre d'eau chaude*
- *20 g de sucre*
- *10-15 g de sel*
- *40 g de beurre fondu*
- *50 cl environ de lait chaud*

1. Faites dissoudre la levure dans un peu d'eau et ajoutez un peu de farine de la quantité indiquée ; mélangez et laissez reposer pendant 2 heures environ.

2. Prenez une terrine aux bords élevés et mélangez le reste de farine, le sucre et le sel tamisés. Ajoutez la levure dissoute de façon la plus uniforme possible.

3. Mélangez et ajoutez petit à petit le beurre fondu et le lait chaud. Amalgamez bien les ingrédients pour obtenir une pâte uniforme et souple.

4. Couvrez la terrine avec une serviette et ajoutez petit à petit le beurre fondu et le lait chaud. Mélangez bien les ingrédients et laissez reposer pendant la nuit dans un endroit chaud (éventuellement dans le four éteint ou dans une maie afin d'éviter les écarts de température). Le matin suivant, enlevez la pâte de la terrine et pétrissez longuement. Ensuite, laissez encore reposer pendant 60 minutes environ.

5. Pétrissez la pâte levée et façonnez des pâtons ronds de petite dimension.

6. Déposez-les sur une plaque à peine enduite de beurre et laissez-les reposer encore 5-10 minutes avant de les passer au four chaud à 180-190 °C pendant 40 minutes environ. Afin d'éviter que la surface du pain ne devienne trop foncée, couvrez-la avec du papier d'aluminium que vous enlèverez à mi-cuisson.

PRÉPARATION
50 MINUTES
LEVAGE
30 MINUTES
CUISSON
15 MINUTES

PURI*

- *120 g de farine complète*
- *15 cl d'eau tiède*
- *1 noix de saindoux*
- *1 pincée de sel*
- *huile d'arachide*

1. Tamisez la farine et disposez-la en fontaine sur le plan de travail. Versez au milieu l'eau tiède et ajoutez le sel et le saindoux émietté.

2. Pétrissez les ingrédients afin d'obtenir un produit homogène et élastique (10-15 minutes environ).

3. Ramassez la pâte en une boule bien ronde et laissez-la reposer, couverte, pendant 30 minutes.

4. Reprenez le pétrissage et divisez la pâte en 15 ou 16 parties égales. Roulez chacune d'elles en boule puis écrasez-les afin de leur donner une forme de fougasse d'environ 9 cm de diamètre.

5. Chauffez l'huile dans une poêle en fer pour la friture et immergez les petites fougasses après en avoir piqué la surface à la fourchette afin d'éviter qu'elles ne gonflent. Toujours avec la fourchette, tenez les fougasses immergées dans l'huile car elles ont tendance à surnager. Quand elles seront dorées, voire brunes, sortez-les et passez-les dans un papier absorbant.
(Les petites fougasses peuvent être cuites également sur la plaque chauffante directement.)

* Cette recette ne suit pas les méthodes de panification occidentales.

PAINS SUCRÉS
ET AUX FRUITS

PRÉPARATION

60 MINUTES

LEVAGE

CETTE RECETTE NE PRÉVOIT PAS DE LEVAGE

CUISSON

30 MINUTES

PUDDING AU PAIN À LA FRANÇAISE

- *300 g de mie de pain blanc*
- *1 l de lait bouilli*
- *350 g de sucre*
- *vanille*
- *10 œufs*

1. Faites tremper le pain dans le lait bouilli, vanillé et sucré. Passez ce mélange au tamis.

2. Ajoutez quatre œufs entiers et six jaunes d'œufs. Au dernier moment, incorporez quatre blancs fouettés en neige ferme.

3. Beurrez et saupoudrez de mie de pain finement émiettée un moule lisse à douille, versez-y la préparation.

4. Cuisez au four au bain-marie pendant 30 minutes. Laissez reposer le pudding quelques instants avant de le démouler sur un plat rond.

5. Servez avec une crème anglaise, un sabayon ou une sauce aux fruits, à part ou versé sur le pudding.

PRÉPARATION
60 MINUTES

LEVAGE
CETTE RECETTE NE PRÉVOIT PAS DE LEVAGE

CUISSON
40 MINUTES

PAIN AUX AMANDES

- *120 g de sucre*
- *70 g d'amandes douces mondées*
- *100 g de beurre*
- *3 œufs entiers*
- *1 pincée de sel*
- *50 g de fécule de pommes de terre (ou de farine blanche)*

1. Écrasez dans un mortier les amandes avec 60 g de sucre.

2. Dans une terrine, travaillez le beurre et le sucre restant. Battez avec force afin d'obtenir un produit crémeux auquel vous ajouterez les œufs entiers, le sel, la fécule ou la farine tamisée ainsi que les amandes concassées préparées précédemment.

3. Après avoir bien amalgamé tous les ingrédients, enduisez de beurre une feuille d'aluminium et tapissez-en un moule à gâteau rond et presque plat. Versez la pâte dans le moule et, à l'aide d'un couteau à lame lisse humidifiée, lissez la surface.

4. Passez le pain au four chaud à 180 °C pendant 40 minutes environ. Retournez-le sur une serviette et attendez qu'il refroidisse avant de servir.

PRÉPARATION	60 MINUTES
LEVAGE	4 JOURS + 12 HEURES
CUISSON	60 MINUTES

PANETTONE DE GÊNES

- *1 kg de farine 45 tamisée*
- *1/2 cube de levure*
- *30 cl d'eau tiède*
- *1 kg de raisins secs trempés dans de l'eau tiède*
- *500 g de sucre*
- *550 g de beurre*
- *300 g de pignons*
- *200 g de cédrat confit*
- *le jus de 1 orange ou quelques gouttes d'essence de fleurs d'oranger*

1. Réalisez la « pâte mollette » : mélangez 100 g de farine et la levure dissoute dans de l'eau tiède. Pétrissez afin d'obtenir une boule de pâte élastique mais pas trop consistante. Mettez-la dans une terrine, couvrez-la et laissez reposer pendant une nuit.

2. Le matin suivant, pétrissez à nouveau la pâte en ajoutant encore 100 g de farine et un peu d'eau pour fabriquer une nouvelle pâte avec la même consistance que la précédente. Laissez reposer à couvert pendant 12 heures. Répétez ensuite l'opération jusqu'au matin du quatrième jour. Vous aurez alors obtenu la pâte mollette (voir page 29).

3. Le quatrième jour, disposez la farine restante en fontaine sur le plan de travail et mettez au milieu 1 kg de pâte mollette ; ajoutez les raisins secs, le sucre et le beurre dissous dans l'eau, le jus d'orange ou l'essence de fleurs d'oranger, les pignons toastés et le cédrat confit.

4. Pétrissez pendant 20 minutes environ, façonnez des boules d'environ 800 g chacune et laissez lever pendant 12 heures à couvert dans un endroit tiède.

5. Déposez le tout sur une plaque enduite de beurre et saupoudrée de farine.

6. Pratiquez sur chaque pain une incision en triangle et passez au four chaud à 180 °C pendant 60 minutes. Une fois la cuisson terminée, éteignez le four et, sans ouvrir, laissez le panettone refroidir à l'intérieur.

PRÉPARATION

60 MINUTES

LEVAGE

2 HEURES
+ 2 HEURES
+ 2 HEURES
+ 2 HEURES
+ 24 HEURES

CUISSON

45 MINUTES

PANETTONE MILANAIS*

- *1 kg de farine blanche de très bonne qualité*
- *30 g de levure de bière*
- *eau tiède en quantité suffisante*
- *5 œufs entiers et 6 jaunes*
- *250 g de sucre*
- *300 g de beurre fondu*
- *1 pincée de sel*
- *700 g de raisins secs et de fruits confits (écorces d'orange et de cédrat)*

1. Dans une terrine, préparez un mélange avec 250 g de farine, 25 g de sucre, un œuf, 30 g de levure et un peu d'eau tiède à 35 °C. Couvrez le récipient et laissez reposer pendant 2 heures.

2. Ensuite ajoutez à la pâte levée encore 250 g de farine, deux jaunes d'œufs et deux œufs entiers, 75 g de sucre et un peu d'eau tiède ; mélangez rapidement et laissez lever pendant 2 heures encore.

3. Disposez en fontaine 500 g de farine sur un plan de travail et ajoutez le sucre restant, le beurre fondu, les œufs et les jaunes restants avec une pincée de sel. Ajoutez ensuite la pâte levée, les raisins et les fruits confits.

4. Pétrissez soigneusement pour former un amalgame de tous les ingrédients.

5. Façonnez une ou deux boules de pâte et laissez lever pendant 2 heures encore.

6. Dégonflez la pâte et pétrissez-la rapidement, ensuite déposez-la dans un moule adapté et attendez qu'elle lève encore 2 heures.

7. Pratiquez une incision en croix sur la surface et passez au four à la température de 180-190 °C pendant 45 minutes environ. Après l'avoir enlevé du four, laissez reposer le panettone retourné pendant 24 heures (pour le retourner, enfoncez en croix deux aiguilles à tricoter à la base du gâteau).

* Le panettone est un gâteau typique en Italie qui se mange pendant la période de Noël. Il est préférable de le consommer quelques jours après l'avoir préparé, car il est très humide à peine sorti du four.

PRÉPARATION
30 MINUTES
LEVAGE
2 HEURES
+ 30 MINUTES
CUISSON
60 MINUTES

KOUGLOF

(PAIN SUCRÉ D'ORIGINE ALSACIENNE)

- *350 g de farine blanche*
- *25 g de levure de bière*
- *10 cl de lait tiède*
- *80 g de beurre fondu*
- *3 œufs entiers battus*
- *80 g de sucre*
- *1 pincée de sel*
- *1 zeste de citron*
- *120 g de raisins secs gonflés dans l'eau*
- *50 g d'amandes douces mondées*
- *sucre glace*

1. Dans une terrine, faites dissoudre la levure dans du lait tiède et amalgamez 60 g de farine. Mélangez rapidement et laissez lever pendant 2 heures environ.

2. Disposez en fontaine le reste de farine sur un plan de travail et ajoutez le beurre fondu, les œufs battus, le sucre, une pincée de sel, le zeste de citron, les raisins bien égouttés et les amandes effilées.

3. Mélangez rapidement les ingrédients, ajoutez la pâte levée et procédez au pétrissage.

4. Déposez la pâte dans un moule légèrement huilé, couvrez avec un tissu en laine et laissez lever jusqu'à ce que la pâte atteigne le bord du moule (environ 30 minutes). Afin de faciliter le levage vous pouvez poser le moule à côté d'une source de chaleur (four allumé ou chauffage).

5. Enfournez le gâteau à 180-190 °C pendant 60 minutes environ. Sortez-le quand il sera bien doré et saupoudrez de sucre glace.

PRÉPARATION

60 MINUTES

LEVAGE

3 JOURS POUR LA PÂTE ACIDE
+ 60 MINUTES
+ 2 HEURES

CUISSON

60 MINUTES

PAIN SUCRÉ AUX AMANDES

POUR 6-8 PERSONNES

- *500 g de farine blanche*
- *15 g de levure de bière*
- *eau tiède en quantité suffisante*
- *7 cl de lait*
- *70 g de beurre*
- *100 g d'amandes*
- *100 g de raisins secs*
- *rhum en quantité suffisante*
- *70 g de sucre semoule*
- *sucre glace*

1. Quelques jours avant celui où vous désirez le pain sucré, préparez la pâte acide en suivant ces instructions : dans une terrine, émiettez la levure de bière dans une poignée de farine prélevée de la quantité indiquée et ajoutez assez d'eau pour obtenir une pâte pas trop molle. Formez une petite boule et couvrez-la d'un torchon. Toutes les 12 heures (pendant 3 jours), ajoutez à la pâte levée un peu de farine et d'eau tiède.

2. Disposez en fontaine le reste de farine sur un plan de travail et ajoutez le lait tiède, le beurre fondu, les amandes concassées, les raisins au préalable trempés dans le rhum et égouttés, et le sucre semoule.

3. Mélangez les ingrédients et aidez-vous d'un couteau à lame plate pour ramasser ce qui adhère au plan de travail. Quand les ingrédients commencent à s'amalgamer, ajoutez la pâte acide. Continuez à pétrir afin d'obtenir une pâte souple et élastique.

4. Ramassez la pâte en boule, couvrez-la avec un torchon et laissez-la lever pendant 60 minutes ; faites en sorte que la pièce soit bien chauffée en hiver et qu'elle soit tiède en été.

5. Quand la pâte aura doublé de volume, recommencez à la pétrir pendant quelques minutes. Partagez la pâte en deux parties et formez deux miches légèrement allongées. Déposez-les sur une plaque recouverte de papier sulfurisé et faites des incisions transversales sur la surface. Couvrez et laissez reposer tant que le levage n'aura pas repris (environ 2 heures).

6. Passez de l'eau tiède au pinceau sur le dessus des miches et saupoudrez de sucre glace avant d'enfourner à 190 °C pendant 60 minutes.

PRÉPARATION

45 MINUTES

LEVAGE

2-3 HEURES
+ 60 MINUTES

CUISSON

15 MINUTES SUR LE FEU POUR LES POIRES
+ 20 MINUTES

PAIN FOURRÉ AUX POIRES

POUR 8 PERSONNES

- *500 g de farine blanche*
- *15 g de levure de bière*
- *eau en quantité suffisante*
- *5 œufs*
- *50 g de sucre*
- *1 pincée de sel*
- *250 g de beurre ramolli*
- *6-7 poires Williams ou d'une autre variété au choix*
- *le jus de 1 citron*
- *160 g de sucre*

1. Dans une terrine, émiettez la levure, ajoutez 100 g de farine prélevée de la dose et de l'eau chaude en quantité suffisante pour obtenir une pâte plutôt molle. Amalgamez le tout, couvrez avec un torchon et laissez reposer pendant 2-3 heures dans un endroit tiède.

2. Quand la pâte aura doublé de volume, déposez sur le plan de travail le reste de farine et ajoutez les œufs, un peu de sucre, une pincée de sel et le beurre ramolli. Pétrissez le tout.

3. Quand les ingrédients commencent à s'amalgamer, ajoutez la pâte levée et continuez à pétrir pour obtenir une pâte souple et homogène.

4. Ramassez la pâte en formant une boule, couvrez et laissez lever jusqu'à ce qu'elle double de volume (60 minutes environ).

5. Procédez entre-temps à la préparation des fruits. Pelez les poires, coupez-les en deux et enlevez le trognon. Disposez-les dans une casserole, ajoutez le jus de citron, le sucre restant, et couvrez-les d'eau.

6. Faites-les cuire sur le feu pendant 15 minutes environ, ensuite égouttez-les et attendez qu'elles sèchent.

7. Recommencez à pétrir la pâte pendant quelques minutes. Étendez-la à l'aide du rouleau et formez un rectangle plutôt allongé. Disposez au milieu les moitiés de poires l'une à côté de l'autre, de façon que la face coupée se trouve vers le bas. Fermez ensuite la pâte sur elle-même afin de couvrir les fruits.

8. Placez le gâteau sur une plaque légèrement enduite de beurre (vous pouvez aussi utiliser du papier sulfurisé ou une feuille d'aluminium légèrement huilée). Passez au four chaud à 220 °C pendant 20 minutes environ.

VARIANTE

Vous pouvez remplacer les poires par des pommes et créer ainsi le pain sucré fourré aux pommes.

PRÉPARATION
1 NUIT
+ 60 MINUTES

LEVAGE
+ 60 MINUTES

CUISSON
50 MINUTES

PAIN DE NOËL AUX FRUITS SECS*

- *700-800 g de pâte à pain de seigle déjà levée (voir recette du pain ordinaire page 58 ; dans ce cas, il faut remplacer la farine blanche par la farine de seigle)*
- *500 g de farine*
- *25 g de levure de bière*
- *eau en quantité suffisante*
- *1 kg de figues sèches*
- *500 g de raisins secs*
- *500 g de quetsches*
- *500 g de poires sèches*
- *250 g de noix, amandes ou cacahuètes*
- *100 g de dattes sèches dénoyautées*

1. Émiettez et coupez en petits dés les fruits séchés en les laissant ensuite reposer pendant une nuit.

2. Le lendemain matin, délayez la levure dans une petite quantité d'eau tiède et de farine ; intégrez cette préparation à la pâte à pain qui sera déjà prête dans un récipient.

3. Saupoudrez de farine le plan de travail et disposez le reste de farine en fontaine, puis ajoutez la pâte à pain (enrichie de levure) et, petit à petit, les fruits séchés.

4. Façonnez des pains de forme ronde ou allongée, légèrement écrasés, et disposez-les sur une plaque huilée. Couvrez-les avec un torchon et veillez à ce que la température ambiante soit plutôt chaude (25-27 °C). Attendez qu'ils lèvent (60 minutes environ).

5. Passez-les au four chaud à 180 °C pendant 50 minutes environ.

* Ce pain est particulièrement apprécié en Suisse et dans les pays de langue allemande.

PRÉPARATION

40 MINUTES

LEVAGE

AU MOINS 2 HEURES
+ 30 MINUTES

CUISSON

40-45 MINUTES

STOLLEN*

- *350 g de farine blanche*
- *25 g de levure de bière*
- *70 cl environ de lait tiède*
- *120 g de beurre mou*
- *480 g de sucre*
- *2 œufs entiers*
- *1 jaune d'œuf*
- *le zeste de 1 citron*
- *5 g d'épices (1-2 clous de girofle et noix de muscade en poudre)*
- *1 pincée de sel*
- *50 g de fruits confits en dés (cédrat et écorces d'orange)*
- *100 g d'amandes mondées et concassées (dont 1/4 amères)*
- *100 g de raisins secs trempés dans de l'eau tiède*
- *beurre fondu*
- *sucre vanillé*

1. Dans une terrine, mélangez la levure dissoute dans un peu de lait tiède (environ une tasse) et 100 g de farine. Couvrez et laissez lever pendant au moins 2 heures.

2. Prenez une autre terrine et travaillez le beurre avec le sucre afin de former une crème. Ajoutez les œufs entiers, le jaune d'œuf, le zeste de citron, les épices et le sel.

3. Pétrissez pour bien amalgamer les ingrédients, ajoutez la pâte levée qui se trouve dans la première terrine, la farine et le lait restant. Ajoutez encore les fruits confits, les amandes, le raisin que vous aurez préalablement égoutté et essuyé. La pâte obtenue doit avoir une certaine consistance, tout en gardant sa souplesse et son élasticité.

4. Pétrissez jusqu'à l'obtention d'une forme allongée, déposez-la sur une plaque légèrement huilée, saupoudrée de farine ou couverte de papier sulfurisé, et laissez lever encore (30 minutes).

5. Faites cuire à 220 °C pendant 40-45 minutes environ, en veillant à mettre dans le four un bol d'eau qui assure une certaine humidité pendant la cuisson. Sortez le gâteau et badigeonnez-en le dessus avec le beurre fondu et le sucre aromatisé à la vanille.

* Pain sucré de Noël d'origine allemande.

LE PAIN D'ÉPICES

Le pain d'épices, préparation très ancienne, trouve ses origines en Grèce. La recette originale prévoyait l'emploi de farines foncées et de miel, en plus de certaines épices ; on obtenait une préparation au goût très soutenu. Cette recette originale a produit un grand nombre de variantes, enrichies différemment dans les divers pays d'Europe. En général, on a tendance à remplacer la farine foncée par de la farine blanche, à éliminer ou non le miel et à ajouter une plus grande quantité d'épices.

GRESSINS

Préparation des gressins

1. Parvenu au point 5 de la recette ci-contre, prenez la pâte bien levée...

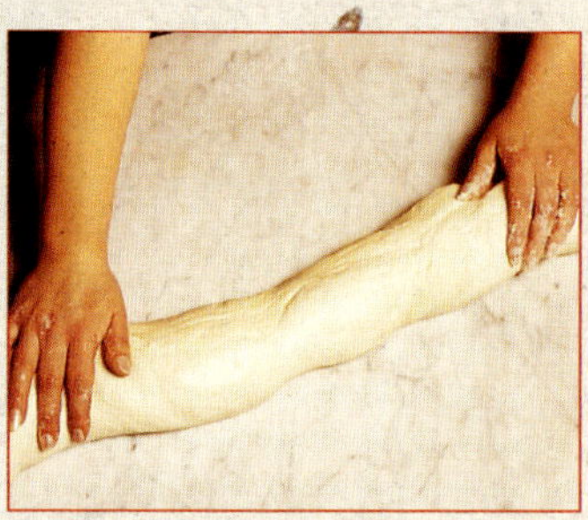

2. ... travaillez-la pendant quelques minutes et allongez sa forme

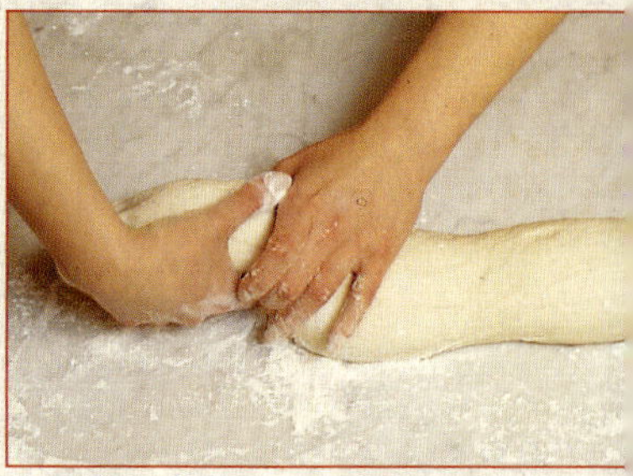

3. Divisez la pâte en petites portions de dimensions régulières

4. Prenez chaque morceau et...

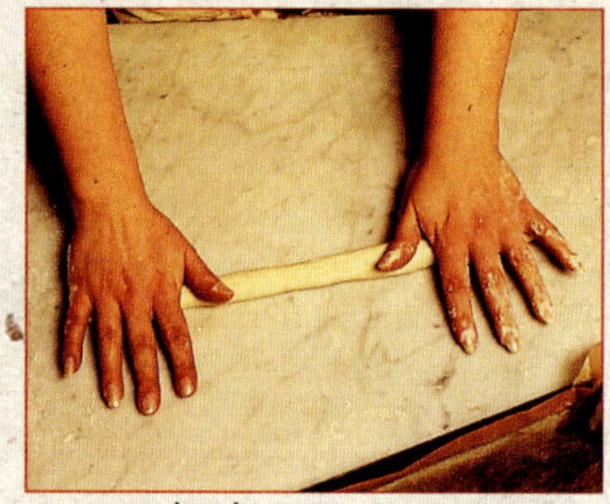

5. ... roulez-le...

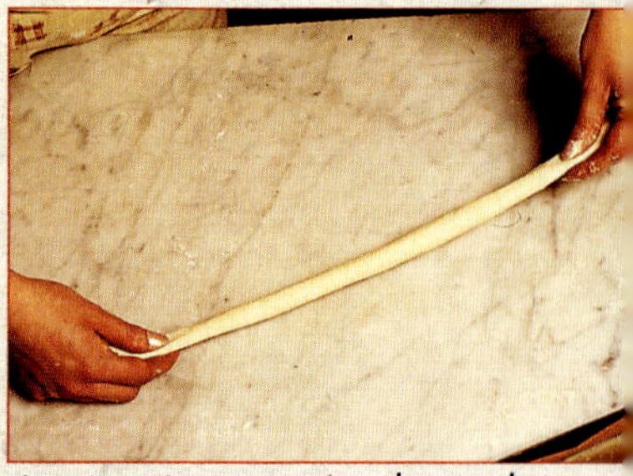

6. ... jusqu'à ce que vous obteniez la longueur désirée pour vos gressins.

7. Huilez légèrement la plaque ou bien disposez-y du papier sulfurisé ou une feuille d'aluminium

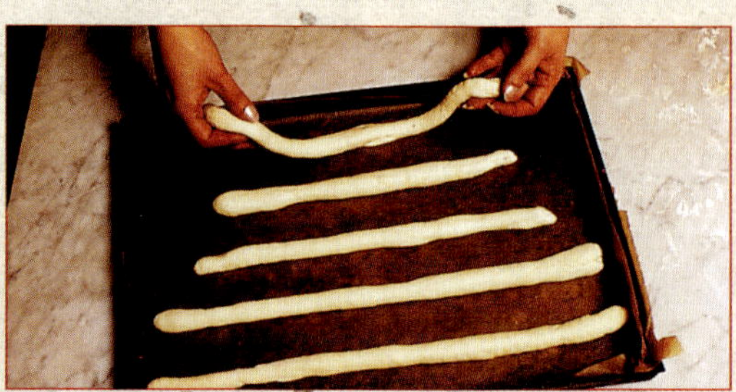

8. Étalez les gressins sur la plaque, recouvrez-les soigneusement et laissez-les lever pendant environ 1 heure

Vos gressins sont prêts

PRÉPARATION

30 MINUTES

LEVAGE

1 NUIT
+ 60 MINUTES
+ 60 MINUTES

CUISSON

10 MINUTES

GRESSINS À L'HUILE

- *500 g de farine blanche*
- *25 g (un cube) de levure de bière*
- *eau en quantité suffisante*
- *3-4 cuillerées à soupe d'huile d'olive*
- *1 cuillerée à café de sel*
- *1 cuillerée à café de sucre*

1. Émiettez la levure dans une terrine et ajoutez un peu d'eau tiède et 100 g de farine prélevée de la quantité indiquée. Mélangez bien afin d'obtenir une pâte plutôt molle. Couvrez avec un torchon et laissez reposer une nuit.

2. Disposez sur le plan de travail le reste de farine en fontaine et ajoutez la pâte levée, l'huile, le sel et le sucre qui doivent être préalablement dissous séparément dans de l'eau.

3. Continuez à pétrir et ajoutez la quantité d'eau suffisante pour obtenir une pâte souple comme celle du pain. Travaillez la pâte pendant 15-20 minutes.

4. Quand à la surface apparaîtront les petites bulles, ramassez la pâte en boule et laissez-la reposer pendant 60 minutes environ dans un endroit tiède.

5. Quand la pâte aura doublé de volume, dégonflez-la avec les mains et pétrissez pendant quelques minutes. Quand elle sera de nouveau élastique, séparez des petites quantités de pâte de la taille de votre poing, formez des petites miches et allongez-les afin d'obtenir la longueur désirée pour vos gressins.

6. Couvrez la plaque du four avec des feuilles d'aluminium saupoudrées de farine et placez-y les gressins. Couvrez avec un torchon et enfermez la plaque dans un sac en plastique. Laissez lever de cette façon pendant 60 minutes environ ; il est important que pendant cette phase les gressins n'entrent pas en contact avec l'air. Enlevez le sachet en plastique et mettez la plaque au four chaud à 220 °C pendant 10 minutes.

PRÉPARATION	30 MINUTES
LEVAGE	CETTE RECETTE NE PRÉVOIT PAS DE LEVAGE
CUISSON	10 MINUTES

GRESSINS DE SEMOULE

- *400 g de farine blanche*
- *1/2 sachet de levure séchée en granulés*
- *eau en quantité suffisante pour dissoudre la levure*
- *50 g de semoule fine*
- *sel et huile en quantité suffisante*

1. Faites dissoudre la levure en suivant les instructions, et le sel dans de l'eau à part.

2. Ajoutez le tout à la farine et à la semoule tamisées sur le plan de travail et disposées en fontaine. Ajoutez l'huile.

3. Pétrissez jusqu'à obtenir une pâte molle et moyennement consistante.

4. Divisez la pâte en petits morceaux et roulez-les afin d'obtenir des « bâtons » de 25-30 cm de long et de l'épaisseur d'un doigt.

5. Déposez-les sur une plaque et passez au four à 220 °C pendant 10 minutes.

PRÉPARATION	35-40 MINUTES
LEVAGE	1 NUIT
CUISSON	10 MINUTES

GRESSINS SPÉCIAUX

- *500 g de farine blanche*
- *20 g (un cube) de levure de bière*
- *eau en quantité suffisante*
- *2-3 cuillerées à soupe d'huile d'olive vierge extra*
- *7 g de sel*
- *1 œuf entier*
- *15 cl de lait*
- *100 g de sucre*

1. Répétez les opérations décrites au point 1 de la recette page 117.

2. Préparez le reste de farine en fontaine et déposez au milieu la pâte préparée, l'huile, le sel et l'œuf. Mouillez le tout avec une solution de lait et de sucre (garder un peu de lait pour la finition).

3. Mélangez bien jusqu'à l'obtention d'un composé consistant ; divisez la pâte en petits morceaux et roulez-les afin d'obtenir des petits « bâtons » de 25-30 cm de long et de l'épaisseur d'un doigt.

4. Déposez-les sur une plaque à peine huilée et faites briller avec le lait.

5. Faites cuire à four chaud à 200-220 °C pendant 10 minutes environ en veillant à ce qu'ils ne brunissent pas trop.

FOUGASSES

Préparation de la fougasse

1. Une fois que vous êtes parvenu au point numéro 3 de la recette p. 122, commencez à travailler la pâte qui doit être plus molle que celle du pain : il faut donc une dose plus importante d'eau et d'huile...

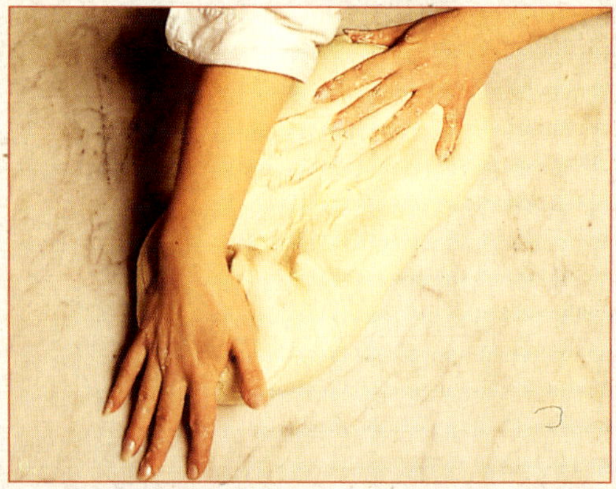

2. ... ce qui permet de travailler plus facilement la pâte

3. Après le temps de repos indiqué, disposez la pâte sur un plat légèrement huilé

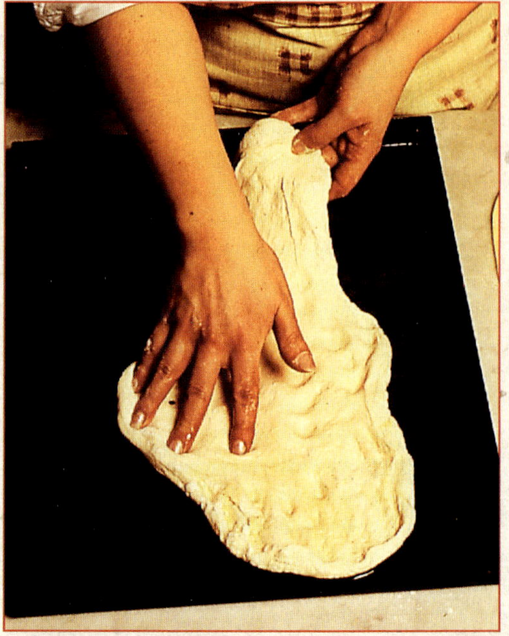

4. Étalez la pâte. Une petite astuce : si vous voulez obtenir une fougasse encore plus moelleuse et plus épaisse, recouvrez-la maintenant et laissez-la bien lever

5. Aplatissez la pâte avec la pointe des doigts et ...

6. ... ajoutez les condiments avec l'huile et le sel, avant de la passer au four

Votre fougasse est terminée

PRÉPARATION
20 MINUTES
LEVAGE
AU MOINS 2 HEURES
+ 60 MINUTES
CUISSON
20-30 MINUTES

FOUGASSE À LA SAUGE

- *500 g de farine*
- *25 g (un cube) de levure*
- *15 cl d'eau*
- *2-3 cuillerées à soupe de vin blanc*
- *2-3 cuillerées à soupe d'huile*
- *sauge séchée et émiettée*
- *5 g environ de sel*

1. Mettez dans une terrine une petite quantité de farine prélevée de la quantité indiquée et ajoutez la levure dissoute dans un peu d'eau (30-35 °C). Pétrissez la pâte jusqu'à ce qu'elle devienne plutôt élastique, couvrez avec un torchon et laissez lever pendant 2 heures au minimum.

2. Disposez la farine restante en fontaine sur le plan de travail et ajoutez au centre la pâte levée, quelques cuillerées de vin blanc et d'huile, le sel et la sauge coupée. Veillez à garder un peu d'huile et de sel pour la phase finale.

3. Pétrissez en mouillant de temps en temps la farine avec de l'eau chaude de façon à obtenir une pâte souple et élastique. Continuez à pétrir pendant 15-20 minutes.

4. Formez une miche ronde et laissez-la reposer couverte pendant 60 minutes environ.

5. Ensuite, vérifiez que la pâte ait doublé de volume et reprenez le pétrissage pendant quelques minutes encore. Étendez la pâte avec les mains en vous aidant du rouleau et déposez-la sur une plaque légèrement huilée. Passez sur la surface de l'huile et une pincée de sel.

6. Enfournez à 200 °C pendant 20-30 minutes environ.

PRÉPARATION
15 MINUTES
LEVAGE
60 MINUTES
CUISSON
30 MINUTES

FOUGASSE AU FROMAGE

- *300 g de farine de blé dur*
- *15 cl d'eau*
- *500 g de fromage crémeux*
- *huile en quantité suffisante*
- *sel en quantité suffisante*

1. Préparez la farine sur le plan de travail et ajoutez un peu d'eau et d'huile jusqu'à obtenir une pâte molle.

2. Pétrissez avec soin et quand la pâte sera bien lisse et élastique, laissez-la reposer pendant 60 minutes environ. Ensuite, partagez-la en deux et étendez chaque pâton pour former deux fines feuilles.

3. Disposez la première feuille sur une plaque huilée. Coupez le fromage en lamelles et disposez-les de façon régulière ; couvrez ensuite avec la deuxième feuille. Unissez les bords à l'aide d'une molette ; pratiquez des petits trous sur la surface et enduisez d'huile et de sel.

4. Enfournez à 190 °C pendant 30 minutes environ.

PRÉPARATION
20 MINUTES
LEVAGE
2-3 HEURES
+ 60 MINUTES
CUISSON
25-30 MINUTES

FOUGASSE AUX OIGNONS

- *500 g de farine 45*
- *15 g de levure*
- *25-30 cl d'eau*
- *1 oignon*
- *15 g de sel*
- *huile en quantité suffisante*

1. Préparez une pâte mollette avec un peu de farine, de l'eau en quantité suffisante et de la levure, couvrez et laissez lever pendant 2-3 heures.

2. Disposez le reste de farine en fontaine sur le plan de travail et incorporez la pâte levée, tout en mouillant pour faciliter la prise.

3. Pétrissez la pâte longuement, couvrez-la et laissez-la reposer pendant 60 minutes environ.

4. Pétrissez à nouveau la pâte pendant quelques minutes jusqu'à ce qu'elle reprenne son élasticité, et étendez-la uniformément sur une plaque huilée.
Coupez l'oignon en lamelles et mettez-les sur la pâte. Avec les doigts, formez des petites niches sur la surface de la fougasse que vous arroserez abondamment avec une émulsion d'huile, eau et sel.

5. Enfournez pendant 25-30 minutes environ à 220-240 °C.

PRÉPARATION

35 MINUTES

LEVAGE

AU MOINS 2 HEURES
+ 90 MINUTES
+ 10 MINUTES

CUISSON

35-40 MINUTES

FOUGASSE DE POMMES DE TERRE

- *350 g de farine*
- *15 g de levure de bière*
- *eau en quantité suffisante*
- *100 g de pommes de terre farineuses*
- *3-4 cuillerées à soupe d'huile d'olive vierge extra*
- *sel en quantité suffisante*
- *un peu de romarin*

1. Faites dissoudre la levure dans un peu d'eau tiède et mélangez à un peu de farine prélevée de la quantité indiquée. Formez une pâte mollette plutôt élastique et laissez-la reposer au moins 2 heures.

2. Entre-temps, préparez les pommes de terre. Pelez-les, cuisez-les à la vapeur avec du sel, écrasez-les et passez-les. Préparez sur le plan de travail le reste de farine en fontaine, ajoutez les pommes de terre, la pâte levée, le sel et deux cuillerées à soupe d'huile.

3. Pétrissez pour bien amalgamer tous les ingrédients en ajoutant la bonne quantité d'eau et continuez à pétrir pendant 15-20 minutes, jusqu'à l'obtention d'une pâte élastique et souple.

4. Ramassez la pâte en forme de boule, couvrez-la avec un torchon et laissez lever pendant 90 minutes environ dans un endroit tiède.

5. Quand la pâte aura doublé de volume, reprenez le pétrissage pendant quelques minutes et donnez à la fougasse la forme que vous désirez. Déposez-la ensuite sur une plaque huilée, arrosez la surface avec l'huile restante et disposez le romarin.

6. Laissez reposer dans un endroit tiède pendant une dizaine de minutes avant de la passer au four. Faites cuire pendant 35-40 minutes à 180 °C.

Préparation
10 minutes
Levage
10-15 minutes
Cuisson
25 minutes

FOUGASSE SALÉE

- *500 g de pâte à pain déjà levée (voir recette du pain ordinaire page 58)*
- *15 g de sel fin*
- *eau tiède en quantité suffisante*
- *2 cuillerées à soupe d'huile*

1. Faites dissoudre le sel dans très peu d'eau.

2. Étendez la pâte à pain sur une plaque huilée ou couverte de papier sulfurisé et laissez reposer pendant 10-15 minutes.

3. Écrasez la pâte avec la pointe des doigts et badigeonnez la surface avec l'huile et le sel dissous.

4. Passez au four chaud à 240 °C pendant 25 minutes environ. Une fois cuite, sortez la fougasse et aspergez-la encore d'huile.

Préparation
50 minutes
Levage
15 minutes
+ 30 minutes
Cuisson
30 minutes

FOUGASSETTES DE PROVENCE

- *1,5 kg de pâte à pain déjà levée (voir recette du pain ordinaire page 58)*
- *200 g de beurre*

1. Incorporez le beurre à la pâte levée et laissez reposer 15 minutes.

2. Détaillez la pâte en morceaux de 50 g, roulez-les en boule et placez-les sur une planche farinée pendant 30 minutes dans un endroit chaud pour faire lever la pâte.

3. Allongez ensuite chaque pâton au rouleau en ovale de 10 × 15 cm environ. Sur la pelle d'enfournage, entaillez l'ovale, donnez un petit coup de lame à l'une des extrémités de l'ovale à l'extérieur, pour fendre cette extrémité. Ensuite donnez des coups de chaque côté de l'ovale mais à l'extérieur et sans fendre. Puis façonnez la pièce en forme d'éventail.

4. Mettez à cuire à four chaud, de préférence sur dalle pendant 30 minutes environ. On peut aussi cuire sur plaque mais les fougassettes sont plus sèches et plus fragiles.

PRÉPARATION

10 MINUTES

LEVAGE

CETTE RECETTE NE PRÉVOIT PAS DE LEVAGE

CUISSON

6-8 MINUTES POUR CHAQUE TORTILLA

TORTILLAS MEXICAINES

(PREMIÈRE VARIANTE)

- *200 g de farine blanche*
- *170 g de farine jaune (de maïs)*
- *3 tasses environ de lait*
- *1 cuillerée à café de sel*
- *eau en quantité suffisante*
- *huile en quantité suffisante*

1. Dans une terrine versez le lait, les farines et le sel, mélangez en ajoutant de l'eau petit à petit.

2. Mélangez bien afin d'obtenir un produit mou mais pas trop liquide.

3. Prenez une petite poêle en fer et mettez-la sur le feu ; versez une cuillerée à café d'huile et enduisez le fond. Quand la poêle sera bien chaude, prenez un peu de pâte molle à l'aide d'une cuillère en quantité suffisante pour recouvrir le fond.

4. Faites cuire au feu pendant 3-4 minutes ; ensuite, quand la tortilla aura pris de la consistance, retournez-la et faites cuire encore 3-4 minutes. Répétez cette opération avec chaque tortilla.

PRÉPARATION

5 MINUTES

LEVAGE

CETTE RECETTE NE PRÉVOIT PAS DE LEVAGE

CUISSON

20 MINUTES
+ 10 MINUTES
POUR CHAQUE TORTILLA

TORTILLAS MEXICAINES

(SECONDE VARIANTE)

- *350 g de farine jaune*
- *1 l environ de lait*
- *1 cuillerée à café de gros sel*

1. Faites bouillir le lait et le sel dans une casserole, versez-y en pluie la farine de maïs et laissez cuire pendant 20 minutes environ en remuant sans arrêt avec une cuillère en bois.

2. Quand le mélange aura pris une consistance homogène, éteignez le feu et laissez tiédir.

3. Formez des galettes rondes d'environ 12 cm de diamètre que vous obtiendrez en écrasant sur un plat (avec les mains ou à l'aide d'un ustensile) quelques cuillerées de pâte.

4. Chauffez une petite poêle en fer sur le feu sans la huiler. Quand elle sera bien chaude, faites cuire chaque tortilla pendant 5 minutes environ de chaque côté.

PIZZAS

PRÉPARATION DE LA PIZZA

1. Une fois parvenu au point 2 de la recette de la page 134, préparez la farine sur le plan de travail

2. Rassemblez la pâte levée et avec un peu d'eau...

3. ... effectuez le pétrissage...

4. ... en malaxant bien la pâte

5. Assaisonnez la pâte avec de l'huile (attention : il est plus facile d'introduire l'huile au début)

6. Faites un bon amalgame

7- 8. Après le levage, divisez la pâte en portions régulières...

9. ... et travaillez chaque portion de façon à obtenir de petites miches arrondies. Laissez lever

10. Huilez le plat

11. Étalez la pâte avec les mains ou au rouleau, jusqu'à ce qu'elle soit bien fine

12. Mettez-la dans le plat...

13. ... et assaisonnez-la comme vous le voulez

14. Voici à présent un exemple de garniture : répartissez la tomate en laissant un espace libre de la valeur de deux doigts sur le bord

15. Étalez uniformément la garniture

16. Ajoutez le fromage, de préférence de la mozzarella

17. Complétez avec des câpres, du basilic...

18. ... des olives...

19. ... et une pincée d'origan, du sel et un filet d'huile...

20. ... et voici votre pizza garnie de saveurs méditerranéennes : olives, câpres et basilic

PRÉPARATION

60 MINUTES

LEVAGE

2 HEURES
+ 60 MINUTES

CUISSON

CETTE RECETTE NE PRÉVOIT PAS DE CUISSON

PIZZA ORDINAIRE

(RECETTE DE LA PÂTE À PIZZA)

- *500 g de farine blanche*
- *15 g de levure (1/2 cube environ)*
- *7 cuillerées à soupe d'huile*
- *7 pincées de sel*
- *eau ou lait tiède en quantité suffisante*

1. Émiettez la levure dans une terrine, ajoutez un peu d'eau chaude et de farine et amalgamez jusqu'à obtenir une pâte plutôt molle. Couvrez et laissez reposer pendant au moins 2 heures.

2. Disposez le reste de farine en fontaine sur le plan de travail et ajoutez au milieu la pâte levée, l'huile et le sel que vous aurez dissous dans l'eau ou le lait tiède.

3. Pétrissez longtemps en amalgamant bien les ingrédients ; il convient de rappeler que si la pâte est trop compacte, vous pouvez rajouter de l'eau ou du lait. Pétrissez jusqu'à ce que la pâte devienne souple et élastique.

4. Ramassez la pâte pour former une boule, couvrez-la avec un torchon et laissez lever pendant 60 minutes.

5. Quand elle aura doublé de volume, pétrissez-la de nouveau, puis partagez la pâte en 4 boules et étendez-les en vous aidant d'abord d'un rouleau, puis des mains. Pensez à laisser le bord plus épais de façon que la garniture ne sorte pas, et assaisonnez comme vous le désirez. Placez les disques sur la plaque du four légèrement huilée ou dans des moules ronds de 35 cm de diamètre.

PRÉPARATION
30 MINUTES

LEVAGE
AU MOINS 2 HEURES
+ 60 MINUTES

CUISSON
15 MINUTES

CALZONE FARCI

- *500 g de farine blanche*
- *15 g de levure (1/2 cube environ)*
- *300 g de ricotta*
- *1 mozzarella coupée fin*
- *50 g de chorizo*
- *80 g de jambon coupé en dés*
- *2 œufs crus*
- *3 cuillerées à soupe de parmesan râpé*
- *eau chaude en quantité suffisante*
- *huile en quantité suffisante*
- *sel en quantité suffisante*

1. Émiettez la levure dans une terrine, ajoutez un peu d'eau chaude et de farine et amalgamez jusqu'à l'obtention d'une pâte plutôt molle. Couvrez et laissez reposer pendant au moins 2 heures.

2. Dans une terrine mélangez la ricotta, la mozzarella émincée ou coupée en dés, le chorizo et le jambon coupé en dés, les œufs et le parmesan.

3. Disposez le reste de farine en fontaine sur le plan de travail et ajoutez la pâte levée, l'huile, l'eau en quantité suffisante et le sel. Pétrissez jusqu'à obtenir un mélange homogène et laissez lever à couvert pendant 60 minutes environ.

4. Étendez la pâte et formez 4 disques (voir le point 5 de la recette ci-contre). Versez une partie des ingrédients mélangés au point 2 sur la moitié de chaque disque, recouvrez ensuite de l'autre moitié. Pincez les bords afin de ne pas laisser échapper la farce.

5. Mettez les calzones sur une plaque huilée.
Passez au four chaud à 250 °C pendant 15 minutes environ.

PRÉPARATION
30 MINUTES
LEVAGE
AU MOINS 2 HEURES
+ 60 MINUTES
CUISSON
15 MINUTES

PIZZA AUX FRUITS DE MER

- *500 g de farine blanche*
- *15 g de levure (1/2 cube environ)*
- *1 kg de moules*
- *1 verre de vin blanc*
- *2 oignons en fines lamelles*
- *2 gousses d'ail pilées*
- *persil haché*
- *1 boîte de 500 g de tomates pelées*
- *eau chaude en quantité suffisante*
- *huile en quantité suffisante*
- *sel et poivre en quantité suffisante*

1. Émiettez la levure dans une terrine, ajoutez un peu d'eau chaude et de farine et amalgamez jusqu'à obtenir une pâte plutôt molle. Couvrez et laissez reposer pendant au moins 2 heures.

2. Disposez le reste de farine en fontaine sur le plan de travail et ajoutez la pâte levée, l'huile, l'eau en quantité suffisante et le sel. Pétrissez jusqu'à obtenir un mélange homogène et laissez lever pendant 60 minutes environ.

3. Mettez, dans une casserole assez grande, les gousses d'ail, un oignon en lamelles, le vin blanc, un peu de poivre et les fruits de mer préalablement grattés et parfaitement lavés. Placez un couvercle et mettez à feu vif afin que les moules s'ouvrent, en remuant souvent, puis séparez-les des coquilles.

4. Placez à nouveau sur le feu une casserole, faites blondir le deuxième oignon coupé en lamelles, ajoutez les tomates écrasées, du sel et du poivre.

5. Faites cuire, puis ajoutez les fruits de mer et laissez sur le feu. La cuisson terminée, saupoudrez avec beaucoup de persil haché.

6. Étendez la pâte et formez 4 disques (voir le point 5 de la recette de la pizza ordinaire page 134), assaisonnez-les avec la sauce préparée au point 4 et distribuez uniformément les mollusques.

7. Passez au four à 250 °C et laissez cuire pendant 15 minutes.

PRÉPARATION
60 MINUTES

LEVAGE
2 HEURES
+ 60 MINUTES

CUISSON
15 MINUTES

PIZZA FARCIE

- *500 g de farine blanche*
- *15 g de levure (1/2 cube environ)*
- *300 g de ricotta*
- *100 g de jambon cru ou de charcuterie au choix*
- *100 g de fromage à pâte filante (gruyère)*
- *2 œufs durs en rondelles*
- *saindoux en quantité suffisante*
- *1 cuillerée à soupe de persil haché*
- *eau en quantité suffisante*
- *huile en quantité suffisante*
- *sel et poivre en quantité suffisante*

1. Émiettez la levure dans une terrine, ajoutez un peu d'eau chaude et de farine et amalgamez jusqu'à obtenir une pâte plutôt molle. Couvrez et laissez reposer pendant au moins 2 heures.

2. Disposez le reste de farine en fontaine sur le plan de travail et ajoutez la pâte levée, l'huile et le sel précédemment dissous dans l'eau. Pétrissez jusqu'à obtenir un mélange homogène et laissez lever encore pendant 60 minutes.

3. Partagez la pâte en deux parties dont une plus grande que l'autre. Étendez cette dernière en vous aidant du rouleau et façonnez un disque que vous mettrez sur une plaque ronde et huilée. La pâte doit être abondante. Mettez sur le disque la moitié de la ricotta, le jambon, le fromage, les œufs durs, le saindoux, le persil puis le reste de ricotta, le sel et le poivre. Couvrez avec le deuxième disque et pincez les bords afin que la garniture ne s'échappe pas pendant la cuisson.

4. Faites des petits trous avec un cure-dent ou avec une fourchette. Mettez dans le four et laissez cuire pendant 15 minutes à 250 °C.

PRÉPARATION
60 MINUTES

LEVAGE
2 HEURES
+ 60 MINUTES

CUISSON
15 MINUTES

PIZZA MARGHERITA

- *500 g de farine blanche*
- *15 g de levure (1/2 cube environ)*
- *eau en quantité suffisante*
- *huile en quantité suffisante*
- *250 g de tomates « Roma » ou de tomates*
- *pelées en boîte de 250 g*
- *2 mozzarellas*
- *origan en quantité suffisante (facultatif)*
- *basilic en quantité suffisante*
- *sel en quantité suffisante*

1. Émiettez la levure dans une terrine, ajoutez un peu d'eau chaude et de farine et amalgamez jusqu'à obtenir une pâte plutôt molle. Couvrez avec un torchon et laissez reposer pendant au moins 2 heures.

2. Disposez le reste de farine en fontaine sur le plan de travail et ajoutez la pâte levée, l'huile, l'eau en quantité suffisante et le sel. Pétrissez jusqu'à obtenir un mélange homogène et laissez lever pendant encore 60 minutes.

3. Préparez 4 disques de pâte (voir le point 5 de la recette de la pizza ordinaire, page 134), et couvrez la surface avec les morceaux de tomates préalablement pelées et épépinées. Vous pourrez également utiliser les tomates en boîte de 250 g. Sur les tomates, répartissez le basilic haché. Ajoutez les mozzarellas en fines lamelles, le sel et enfin un filet d'huile avec, si vous le désirez, un peu d'origan.

4. Passez au four à 250 °C et laissez cuire pendant 15 minutes.

PRÉPARATION
60 MINUTES

LEVAGE
2 HEURES
+ 60 MINUTES

CUISSON
15 MINUTES

PIZZA NAPOLITAINE

- *500 g de farine blanche*
- *15 g de levure (1/2 cube environ)*
- *eau en quantité suffisante*
- *6 cuillerées à soupe d'huile d'olive*
- *250 g de tomates mûres ou pelées*
- *2 mozzarellas*
- *quelques feuilles de basilic*
- *filets d'anchois à volonté*
- *origan en quantité suffisante*
- *sel en quantité suffisante*

1. Émiettez la levure dans une terrine, ajoutez un peu d'eau chaude et de farine et amalgamez jusqu'à obtenir une pâte plutôt molle. Couvrez et laissez reposer pendant au moins 2 heures.

2. Disposez le reste de farine en fontaine sur le plan de travail et ajoutez la pâte levée, l'huile, l'eau en quantité suffisante et le sel. Pétrissez jusqu'à obtenir un mélange homogène et laissez lever pendant encore 60 minutes.

3. Préparez 4 disques de pâte (voir le point 5 de la recette de la pizza ordinaire, page 134), et mettez-les, un ou deux à la fois, sur une plaque légèrement huilée. Coupez finement les tomates fraîches ou les tomates pelées en boîte, écrasez-les avec une fourchette et éliminez un peu d'eau ; distribuez cette préparation sur la pâte en laissant une bordure d'environ 2 cm. Ajoutez quelques feuilles de basilic émiettées, des tranches de mozzarella et des filets d'anchois. Saupoudrez d'origan et versez un filet d'huile.

4. Passez au four à 250 °C et laissez cuire pendant 15 minutes.

PRÉPARATION	60 MINUTES
LEVAGE	2 HEURES + 60 MINUTES
CUISSON	15 MINUTES

PIZZA SPÉCIALE

- *80 g de mozzarella*
- *50 g de crème parfumée à la truffe*
- *80 g de cèpes*
- *80 g de bresaola ou de viande des Grisons*
- *50 g de petites tomates*
- *50 g de roquette*
- *50 g de parmesan en écailles*
- *truffe blanche*
- *huile parfumée à la truffe*
- *sel*

1. Étalez la crème à la truffe sur la pâte.

2. Distribuez la mozzarella coupée en petits morceaux.

3. Ajoutez les champignons émincés.

4. Salez et mettez à four chaud.

5. Une fois la cuisson terminée, placez sur la pizza la bresaola ou la viande des Grisons, la roquette coupée finement et les tomates en petits morceaux, assaisonnées d'huile à la truffe et de sel.

6. Répartissez la truffe et les écailles de parmesan.

PRÉPARATIONS SALÉES
ET RECETTES
À BASE DE PAIN

PRÉPARATION
30 MINUTES
LEVAGE
60 MINUTES
CUISSON
15-20 MINUTES

CRACKERS FAITS MAISON

- *200 g de farine blanche*
- *150 g de flocons d'avoine*
- *150 g de flocons d'orge*
- *30 g de levure de bière*
- *eau tiède en quantité suffisante*
- *4-5 cuillerées à soupe d'huile d'olive vierge extra*
- *sel en quantité suffisante*

1. Faites dissoudre la levure dans un peu d'eau tiède.

2. Disposez la farine en fontaine sur le plan de travail, ajoutez les flocons de céréales et la levure dissoute. Ajoutez assez d'eau pour former une pâte souple et élastique.

3. Pétrissez pendant 10 minutes environ et quand la pâte sera bien souple, formez une boule, couvrez-la avec un torchon et laissez reposer au chaud pendant 60 minutes environ.

4. Quand la pâte aura doublé de volume, reprenez le pétrissage et remaniez-la pendant quelques minutes encore, puis étendez-la de manière uniforme en vous aidant d'un rouleau à pâtisserie.

5. Disposez-la sur un moule huilé ou sur la plaque du four. Coupez avec un couteau humide ou avec une roulette, en donnant la forme que vous désirez (petits carrés, triangles, etc.). Faites des trous avec une fourchette.

6. Enfournez à 250 °C pendant environ 15-20 minutes. Quelques minutes avant de sortir les crackers, badigeonnez la surface d'huile et de sel mélangés.

PRÉPARATION
15 MINUTES
LEVAGE
20 MINUTES
+ 20 MINUTES
CUISSON
30 MINUTES

TRESSE À L'ANIS

- *1 kg de pâte à pain déjà levée (voir recette du pain ordinaire page 58)*
- *10 g d'anis en petits grains*
- *1 œuf battu*

1. Incorporez l'anis à la pâte. Façonnez des pâtons de 80 g environ. Laissez reposer pendant 20 minutes.

2. Allongez chaque morceau en bâtonnets de 30 cm. Rabattez l'un des bouts exactement au tiers du bâtonnet et appuyez avec le doigt sur l'extrémité de ce bout pour le souder.

3. Dans la boucle ainsi formée, donnez un coup de couteau : on obtient ainsi trois branches. Disposez sur une plaque et laissez reposer encore 20 minutes.

4. Badigeonnez la surface d'œuf battu, à l'aide d'un pinceau.

5. Laissez cuire dans un four à 180 °C pendant 30 minutes environ.

PRÉPARATION
10 MINUTES
LEVAGE
CETTE RECETTE NE PRÉVOIT PAS DE LEVAGE
CUISSON
10 MINUTES ENVIRON

PAIN PERDU AU FROMAGE

- *8 tranches de pain de mie rassis*
- *2 œufs*
- *1 pointe de noix de muscade*
- *20 cl de lait*
- *80 g de gruyère râpé*
- *50 g de beurre*
- *sel et poivre en quantité suffisante*

1. Battez les œufs en omelette dans une terrine. Ajoutez le lait, la noix de muscade, du sel et du poivre. Trempez les tranches de pain dans ce mélange. Laissez-les bien s'imprégner durant quelques minutes.

2. Beurrez un plat à gratin avec 20 g de beurre. Égouttez les tranches de pain et disposez-les dans un plat allant au four les unes à côté des autres.

3. Saupoudrez-les de gruyère râpé et d'une noisette de beurre.

4. Faites dorer au four pendant 10 minutes. Servez aussitôt en accompagnant éventuellement d'une sauce tomate.

PRÉPARATION
60 MINUTES
LEVAGE
20 MINUTES
+ 30 MINUTES
CUISSON
30 MINUTES

TOURTE AUX ÉPINARDS

- *600 g de pâte à pain déjà levée (voir recette du pain ordinaire page 58)*
- *600 g d'épinards*
- *1 oignon*
- *1 gousse d'ail pilée*
- *2 cuillerées à soupe de persil haché*
- *3-4 œufs*
- *1 pincée de marjolaine*
- *1 poignée de cèpes déshydratés, trempés et hachés (facultatif)*
- *parmesan râpé en abondance*
- *250 g de ricotta*
- *huile d'olive en quantité suffisante*
- *sel et poivre en quantité suffisante*

1. Nettoyez et lavez les épinards, coupez-les finement et mettez-les dans une poêle avec de l'huile chaude, de l'oignon déjà blondi et une gousse d'ail. Salez et faites cuire pendant 10 minutes environ.

2. Disposez la pâte à pain sur le plan de travail et pétrissez-la avec une bonne quantité d'huile pour la rendre à nouveau souple et élastique. Prélevez les 2/3 environ et laissez lever pendant 20 minutes à couvert, puis étendez-la de façon uniforme en vous aidant d'un rouleau à pâtisserie. Façonnez un disque assez fin et utilisez-le pour foncer un moule à gâteau avec les bords assez hauts de 26 cm de diamètre environ, que vous aurez préalablement huilé.

3. Ajoutez aux épinards la ricotta, l'ail, le persil, le sel et les œufs (réservez-en un pour la finition), la marjolaine, les champignons et le parmesan. Amalgamez le tout et versez sur la pâte.

4. Avec le reste de pâte, préparez un autre disque et utilisez ce dernier pour couvrir la farce. Unissez les bords. Faites lever pendant 30 minutes.

5. Badigeonnez la surface d'œuf battu, à l'aide d'un pinceau.

6. Laissez cuire dans un four à 180 °C pendant 30 minutes environ.

PRÉPARATION

5 MINUTES

LEVAGE

CETTE RECETTE NE PRÉVOIT PAS DE LEVAGE

CUISSON

CETTE RECETTE NE PRÉVOIT PAS DE CUISSON

BRUSCHETTA

- *4 tranches de pain (de préférence rassis)*
- *2 gousses d'ail*
- *huile d'olive vierge extra*
- *sel et poivre en quantité suffisante*

1. Grillez le pain des deux côtés sur un gril ou directement sur une plaque chaude.

2. Frottez énergiquement l'ail sur les tranches croustillantes.

3. Assaisonnez chaque tranche avec de l'huile d'excellente qualité, du sel et du poivre fraîchement moulu. Servez chaud.

PRÉPARATION

20 MINUTES

LEVAGE

CETTE RECETTE NE PRÉVOIT PAS DE LEVAGE

CUISSON

90 MINUTES

FLAN AU PAIN

- *170 g de sucre*
- *eau en quantité suffisante*
- *50 cl de lait*
- *1 zeste de citron ou 1 bâtonnet de vanille*
- *4 œufs battus*
- *2 ou 3 tranches de pain toasté*
- *raisins secs en quantité suffisante*

1. Dans une casserole en inox ou dans un moule à flan, faites dissoudre à feu très doux un peu de sucre dans une cuillerée à soupe d'eau environ. Quand le sucre commence à prendre de la couleur, enlevez du feu et faites en sorte qu'il se répande de façon uniforme sur le fond.

2. Faites bouillir le lait avec le zeste de citron ou le bâtonnet de vanille. Dès que le lait commence à bouillir, éteignez le feu, enlevez le zeste ou le bâtonnet de vanille et laissez refroidir.

3. Battez dans une terrine les œufs avec le sucre restant ; ajoutez peu à peu le lait tiède.

4. Versez le tout dans un moule caramélisé et immergez-le aux 3/4 dans un récipient plus grand, contenant de l'eau.

5. Décorez la surface avec deux ou trois tranches de pain toasté et une poignée de raisins secs.

6. Continuez à cuire (sur le feu ou au four) pendant 90 minutes environ. Il n'est pas nécessaire de retourner le flan avant de le servir.

PRÉPARATION

10 MINUTES

LEVAGE

CETTE RECETTE NE PRÉVOIT PAS DE LEVAGE

CUISSON

10-15 MINUTES

KIFELS FRITS*

- *2 kifels*
- *2 œufs*
- *1/2 verre de lait*
- *2 cuillerées à soupe de sucre semoule*
- *2 cuillerées à soupe de sucre vanille*
- *huile à frire*

1. Coupez les kifels en tranches fines et disposez-les bien séparées sur un plat.

2. Faites bouillir le lait où vous aurez dissous le sucre semoule et utilisez-le pour mouiller les tranches, sans exagérer. Tandis que les tranches refroidissent, battez les œufs dans une terrine.

3. Immergez les tranches dans les œufs battus (des deux côtés) et essuyez dans du papier absorbant. Saupoudrez enfin avec le sucre aromatisé vanille.

4. Cuisez dans une poêle avec de l'huile à frire pendant 10-15 minutes.

* Il s'agit de galettes chaudes en forme de demi-lune, d'origine autrichienne.
Si vous désirez les préparer à la maison, préparez la pâte à pain levée comme cela est expliqué dans la recette du pain ordinaire (page 58), étendez-la au rouleau et donnez-lui une forme triangulaire ; disposez au centre un cylindre de 50 g environ de beurre. Pliez un coin du triangle pour couvrir le beurre. Dans la partie dégarnie, ajoutez encore du beurre et pliez un autre coin de façon à couvrir encore le beurre.
Laissez reposer pendant 30 minutes : pendant ce temps la pâte doit durcir (si nécessaire mettez-la au réfrigérateur). Une fois la pâte durcie, abaissez-la avec le rouleau et donnez-lui une épaisseur de 3 mm environ. Façonnez des petits triangles et roulez-les pour former des rouleaux de la taille d'un doigt.
Placez-les sur une plaque huilée, façonnez-les en demi-lune, couvrez-les pour qu'ils ne prennent pas d'air. Laissez lever. Badigeonnez d'une émulsion de lait et d'œuf et cuisez à 220 °C pendant 20 minutes environ.

PRÉPARATION
10 MINUTES
LEVAGE
CETTE RECETTE NE PRÉVOIT PAS DE LEVAGE
CUISSON
5-10 MINUTES

TRANCHES DE PAIN AUX HERBES

- *12 tranches de pain de mie*
- *4-5 cuillerées à soupe de purée de tomate*
- *basilic en quantité suffisante*
- *1/2 verre de lait*
- *2 mozzarellas (ou un autre fromage à pâte filante)*
- *origan (facultatif)*
- *1 pincée de sel*

1. Dans une terrine versez la purée de tomate, ajoutez une pincée de sel et un peu de basilic haché fin.

2. Disposez le pain sur une plaque, aspergez-le de lait, puis d'un peu de purée de tomate. Coupez les mozzarellas en tranches et disposez-les sur le pain, avec un peu d'origan si vous le voulez.

3. Passez dans un four chaud à 200 °C pendant 5-10 minutes (jusqu'à ce que le fromage commence à fondre).

PRÉPARATION
20 MINUTES
LEVAGE
CETTE RECETTE NE PRÉVOIT PAS DE LEVAGE
CUISSON
3-5 MINUTES

PAIN À LA PORTUGAISE

- *12 tranches de pain (baguette)*
- *100 g de miel*
- *40 g de sucre*
- *le zeste de 1 citron*
- *3 œufs battus*
- *75 cl de lait*
- *sucre glace en quantité suffisante*
- *huile pour friture*

1. Mélangez le lait, le miel, le sucre, le zeste du citron, versez dans un poêlon et cuisez à feu doux pendant 20 minutes. Remuez souvent avec une cuillère en bois.

2. Disposez les tranches de pain sur une assiette sans les superposer, aspergez-les avec le mélange chaud, sans trop mouiller le pain. Égouttez-le et passez-le dans les œufs battus.

3. Versez de l'huile pour friture dans une poêle, et quand elle sera chaude, faites dorer les tranches de pain de chaque côté.

4. Retirez les tranches de la poêle et mettez-les dans du papier absorbant, saupoudrez-les de sucre glace et servez chaud.

PRÉPARATION
20 MINUTES
LEVAGE
CETTE RECETTE NE PRÉVOIT PAS DE LEVAGE
CUISSON
20 MINUTES

PAIN FARCI

- *500 g de pain de mie*
- *100 g de jambon cuit*
- *1 mozzarella*
- *4 œufs*
- *4 cuillerées à soupe de lait*
- *beurre en quantité suffisante*

1. Tranchez le pain et éliminez la croûte, coupez en petites tranches ou en lamelles fines le jambon et la mozzarella.

2. Prenez une plaque rectangulaire, enduisez-la de beurre et disposez une épaisseur de pain, sur le dessus disposez le jambon et la mozzarella.

3. Versez dessus les œufs battus avec du lait et, pour finir, quelques copeaux de beurre.

4. Passez dans un four chaud à 200 °C pendant 20 minutes.

PRÉPARATION
5 MINUTES
LEVAGE
CETTE RECETTE NE PRÉVOIT PAS DE LEVAGE
CUISSON
CETTE RECETTE NE PRÉVOIT PAS DE CUISSON

SANDWICHES DE SALADE RUSSE

- *4 petits pains de forme ovale ou allongée*
- *120 g de salade russe*
- *4 cuillerées à soupe de mayonnaise*
- *feuilles de salade verte à volonté*

1. Coupez les petits pains dans le sens de la longueur et enlevez un peu de mie.

2. Étalez sur chaque moitié la mayonnaise. Pour chaque petit pain, disposez 1 ou 2 feuilles de salade verte sur laquelle vous mettrez la salade russe. Servez de suite.

PRÉPARATION
5 MINUTES
LEVAGE
CETTE RECETTE NE PRÉVOIT PAS DE LEVAGE
CUISSON
CETTE RECETTE NE PRÉVOIT PAS DE CUISSON

SANDWICHES VÉGÉTARIENS

- *4 petits pains de forme ovale ou allongée*
- *8-10 champignons coupés en lamelles*
- *4 feuilles de salade verte*
- *8 pointes d'asperges déjà cuites et revenues dans du beurre*
- *huile (mieux si aromatisée à la truffe) en quantité suffisante*
- *sel en quantité suffisante*

1. Coupez les petits pains dans le sens de la longueur et grillez-les du côté de la mie.

2. Dans un saladier, assaisonnez les champignons et la salade avec l'huile et le sel.

3. Remplissez les sandwiches avec les feuilles de salade, les asperges et, enfin, les champignons.

PRÉPARATION
10 MINUTES ENVIRON
LEVAGE
CETTE RECETTE NE PRÉVOIT PAS DE LEVAGE
CUISSON
20 MINUTES ENVIRON

PAIN EN SAUCE*

- *100 g de mie de pain blanc ou de pain de mie*
- *25 cl de lait très chaud*
- *1 oignon*
- *1 clou de girofle*
- *30 g de beurre*
- *100 g de crème fraîche liquide*
- *un peu de sel*

1. Versez le lait dans une casserole, la mie de pain et une pointe de sel. Ajoutez l'oignon entier et le clou de girofle (ce dernier doit être piqué dans l'oignon).

2. Laissez cuire à feu doux pendant 15 minutes environ.

3. Éliminez l'oignon et ajoutez petit à petit le beurre, puis la crème fraîche en battant à l'aide d'un fouet, afin de bien amalgamer les ingrédients.

4. Attendez que la sauce devienne bien épaisse, ensuite passez-la au tamis et mettez à nouveau sur le feu pendant une minute environ.

5. Servez bien chaud.

* Il s'agit d'une recette typiquement anglaise, utilisée surtout pour accompagner le gibier.

PRÉPARATION
30 MINUTES
LEVAGE
CETTE RECETTE NE PRÉVOIT PAS DE LEVAGE
CUISSON
20 MINUTES

SMORREBROD* AUX FROMAGES

- *4 tranches de pain de mie de seigle*
- *30 g de beurre*
- *50 g d'Emmenthal*
- *50 g de Beaufort*
- *50 g de fromage hollandais*
- *1 pomme coupée en tranches*
- *1 œuf dur*
- *quelques gouttes de jus de citron*
- *sel et poivre en quantité suffisante*

1. Tartinez de beurre les tranches de pain et disposez les fromages coupés en fines lamelles.

2. Faites revenir dans une noix de beurre les tranches de pomme pendant quelques minutes.

3. Mettez les tranches de pomme sur le fromage.

4. Décorez avec l'œuf émietté, le sel, le poivre et quelques gouttes de citron, enfournez à température moyenne pendant 20 minutes environ.

* Il s'agit de tartines d'origine danoise, ayant la taille d'une tranche de pain de mie, enrichies d'une garniture tellement abondante et nourrissante qu'elles peuvent apporter les valeurs nutritionnelles d'un repas complet.
Elles peuvent être savourées chaudes ou froides selon les types de garnitures.

PRÉPARATION

15 MINUTES

LEVAGE

CETTE RECETTE NE PRÉVOIT PAS DE LEVAGE

CUISSON

CETTE RECETTE NE PRÉVOIT PAS DE CUISSON

SMORREBROD AU CAVIAR

- *4 tranches de pain de mie blanc ou de seigle*
- *30 g de beurre*
- *4 feuilles de laitue*
- *4 œufs durs*
- *2-3 tomates moyennes mûres*
- *1 cuillerée à soupe de caviar noir*
- *1 cuillerée à soupe de mayonnaise*
- *sel et poivre en quantité suffisante*

1. Tartinez de beurre les tranches de pain et disposez la laitue.

2. Coupez en tranches les œufs et les tomates, disposez-les ensuite sur la laitue. Ajoutez sel et poivre.

3. Mettez au milieu une cuillerée de mayonnaise et une cuillerée de caviar.

PRÉPARATION

15 MINUTES

LEVAGE

CETTE RECETTE NE PRÉVOIT PAS DE LEVAGE

CUISSON

CETTE RECETTE NE PRÉVOIT PAS DE CUISSON

TARTINES AU BEURRE D'ANCHOIS

- *12 tranches de pain de mie*
- *100 g de beurre*
- *12-15 filets d'anchois*
- *1 cuillerée à café de vodka*
- *100 g de caviar*

1. Dans une terrine, travaillez le beurre jusqu'à ce qu'il soit mousseux. Ajoutez les filets d'anchois dessalés, sans arêtes et écrasés dans un mortier. Amalgamez bien jusqu'à l'obtention d'un mélange homogène. Ajoutez enfin la vodka.

2. Toastez légèrement les tranches de pain après avoir enlevé la croûte, et tartinez avec la crème obtenue.

3. Ajoutez sur chaque tranche une cuillerée de caviar.

PRÉPARATION

10 MINUTES

LEVAGE

CETTE RECETTE NE PRÉVOIT PAS DE LEVAGE

CUISSON

CETTE RECETTE NE PRÉVOIT PAS DE CUISSON

TARTINES AU CAVIAR

- *4 tranches de pain de mie*
- *50 g de beurre à température ambiante*
- *4-5 cuillerées à soupe de caviar de bonne qualité*
- *1 jaune d'œuf dur écrasé*

1. Prenez les tranches de pain, éliminez la croûte et toastez-les légèrement.

2. Tartinez-les abondamment de beurre et garnissez-les de caviar.

3. Ajoutez sur chaque tranche une pincée de jaune d'œuf écrasé.

PRÉPARATION

15 MINUTES

LEVAGE

CETTE RECETTE NE PRÉVOIT PAS DE LEVAGE MAIS IL FAUT PRENDRE EN COMPTE LE TEMPS DE MARINAGE: 6 + 6 HEURES

CUISSON

CETTE RECETTE NE PRÉVOIT PAS DE CUISSON

TARTINES AUX HARENGS

- *8 tranches de pain de mie*
- *6 petits harengs fumés*
- *lait en quantité suffisante*
- *3 verres de vinaigre de vin blanc*
- *1 verre d'eau environ*
- *2 cuillerées à soupe d'huile*
- *quelques cuillerées à soupe de mayonnaise*

1. Prenez les harengs, dessalez-les et mettez-les dans un bol en les couvrant de lait. Laissez-les pendant 6 heures environ, ensuite égouttez-les, essuyez-les bien avec une serviette ou du papier absorbant et enlevez les écailles et les arêtes.

2. Coupez en filets chaque hareng, de la longueur des tranches de pain, et disposez-les dans une terrine. Préparez un mélange de vinaigre, eau et huile. Mélangez et couvrez-en les filets de hareng. Laissez mariner pendant 6 heures environ.

3. Ensuite, égouttez les harengs et disposez-les sur les tranches de pain légèrement toastées.

4. Enfin garnissez avec la mayonnaise selon votre goût.

PRÉPARATION

15 MINUTES

LEVAGE

CETTE RECETTE NE PRÉVOIT PAS DE LEVAGE

CUISSON

CETTE RECETTE NE PRÉVOIT PAS DE CUISSON

TARTINES AU THON

- *12 tranches de pain de mie*
- *120 g de beurre*
- *80 g de thon*
- *1 cuillerée à soupe de cognac*

1. Toastez légèrement les tranches de pain et enlevez la croûte.

2. Dans une terrine, travaillez énergiquement le beurre gardé à température ambiante et le thon préalablement égoutté et mixé. Amalgamez bien afin d'obtenir une crème, puis incorporez une cuillerée à soupe de cognac.

3. Tartinez chaque tranche de pain avec cette crème.

PRÉPARATION

30 MINUTES ENVIRON

LEVAGE

CETTE RECETTE NE PRÉVOIT PAS DE LEVAGE

CUISSON

5 MINUTES

TARTINES AU PÂTÉ DE FOIE D'OIE

- *12 tranches de pain de mie*
- *200 g de pâté de foie d'oie*
- *50 g de beurre*
- *1 cuillerée à soupe de cognac*
- *1 tranche de jambon cuit de 100 g*
- *pickles en quantité suffisante*

1. Mettez le pâté dans une terrine et mélangez avec le beurre et le cognac de façon à obtenir une crème homogène.

2. Enlevez la croûte des tranches de pain et disposez-les dans une assiette pour les tartiner avec la crème que vous venez de préparer (en réserver un peu). Garnissez chaque tranche de pain avec des petits carrés ou des triangles de jambon et quelques pickles selon les goûts.

3. Mettez la crème restante dans une seringue à gâteaux et dessinez une frise autour de chaque tartine.

4. Passez-les au four chaud pendant 5 minutes, avant de servir.

PRÉPARATION
20 MINUTES
LEVAGE
CETTE RECETTE NE PRÉVOIT PAS DE LEVAGE
CUISSON
50 MINUTES

TARTE AU PAIN

- *500 g de pain rassis*
- *1 l de lait*
- *250 g de sucre*
- *3 œufs battus*
- *150 g de raisins secs*
- *7 cl de rhum*
- *1/2 sachet d'épices*
- *fruits confits, amandes et pignons à volonté*

1. Émiettez le pain dans une terrine et mouillez-le avec du lait. En même temps, dans un verre, faites tremper les raisins dans le rhum.

2. Battez le pain avec le fouet afin d'en faire une bouillie.

3. Ensuite, ajoutez le sucre, les œufs, les épices et les raisins avec le rhum.

4. Versez dans un moule à gâteau huilé.

5. Disposez sur la surface les pignons, les amandes et les fruits confits.

6. Passez au four à 190 °C pendant 50 minutes environ.

PRÉPARATION

20 MINUTES

LEVAGE

CETTE RECETTE NE PRÉVOIT PAS DE LEVAGE

CUISSON

50 MINUTES

TARTE DE PAIN AU CHOCOLAT

- *500 g de pain rassis*
- *1 l de lait*
- *250 g de sucre*
- *30 g de chocolat en poudre*
- *3 œufs battus*
- *1/2 sachet d'épices*
- *150 g de raisins secs*
- *10 cl de marsala*
- *20 g de pignons*

1. Émiettez le pain dans une terrine et mouillez-le avec du lait. En même temps, dans un verre, faites tremper les raisins dans le marsala.

2. Battez le pain au fouet, afin d'en faire une bouillie.

3. Ensuite, ajoutez le sucre, le chocolat en poudre, les œufs, les épices et les raisins avec le marsala.

4. Versez dans un moule à gâteau huilé.

5. Couvrez la surface avec les pignons légèrement toastés.

6. Passez au four à 190 °C pendant 50 minutes environ.

Index des recettes

Achevé d'imprimer en octobre 2003
à Milan, Italie,
sur les presses de Grafiche Milani

Dépôt légal : octobre 2003
Numéro d'éditeur : 8242